基于核心素养的体育与健康校本课程建设

赵卫新◎著

江蘇鳳凰教育出版社
Phoenix Education Publishing, Ltd

图书在版编目（CIP）数据

基于核心素养的体育与健康校本课程建设／赵卫新著．—南京：江苏凤凰教育出版社，2017.8

ISBN 978-7-5499-6736-0

Ⅰ.①基… Ⅱ.①赵… Ⅲ.①体育课—课程建设—中小学②健康教育—课程建设—中小学 Ⅳ.①G633.963

中国版本图书馆CIP数据核字（2017）第196599号

书　　名	基于核心素养的体育与健康校本课程建设
作　　者	赵卫新
责任编辑	雷利军　祁篆萍
出版发行	江苏凤凰教育出版社（南京市湖南路1号A楼　邮编210009）
苏教网址	http：//www.1088.com.cn
照　　排	北京世纪鸿文制版技术有限公司
印　　刷	三河市九洲财鑫印刷有限公司
厂　　址	河北省三河市灵山大口
开　　本	787毫米×1092毫米　1/16
印　　张	15.25
字　　数	235千字
版　　次	2017年11月第1版　2017年11月第1次印刷
书　　号	ISBN 978-7-5499-6736-0
定　　价	35.00元
网店地址	http：//jsfhjycbs.tmall.com
邮购电话	025-85406265，85400774　短信　02585420909
E - mail	jsep@vip.163.com
盗版举报	025-83658579

序

今天看到赵老师这本书的初稿，很激动，因为这是我当小学体育教研员13年以来看到的第一本由一线小学体育教师写的专著，而且是一本关于小学体育与健康的校本课程建设的书籍。一拿到这本书的初稿，我整整用了一个下午的时间，对全书进行了精读。书中没有华丽的语言修饰，更多地是记录一线体育教师对体育与健康课程的认知，书中记录的每一件事、事后的反思及作者的科研之路等，都感人肺腑，是一名优秀体育教师真实成长历程的写照，对于青年教师的专业发展能够起到很好的示范引领作用，希望这本书能够受到体育教师的喜爱。

本书主要提到了几个核心词：核心素养、体育与健康、校本课程。读过全书几遍以后，我才真正理解赵老师这本书的底蕴。作为一名普通体育教师，能把体育与健康校本课程建设与学生的核心素养培养融为一体，可见赵老师对体育教学和课程建设理解得透彻。“核心素养”一词当前炙手可热。党的十八大提出把“立德树人”作为教育的根本任务，教育部出台了《教育部关于全面深化课程改革落实立德树人根本任务的意见》，该文件提出要加快构建“核心素养体系”。至此，培养学生的核心素养被置于深化课程改革、落实立德树人的基础地位。核心素养正成为指导、引领未来改革的关键因素。从目前我国实施的课程体系来看，主要为三个层次，国家课程，地方课程，校本课程。校本课程作为课程改革的重要组成部分，如何从合理的角度对课程进行很好地规划、组织、开发、实施及评价，赵老师这本书从小学体育与健康课程的建设方面，给我们开了一个好头，值得广大体育教师品味。

核心素养强调学生具备终生发展和适应并促进社会发展的品格与能力，突出了学生的个人修养、家国情怀、社会品质、合作参与、创新实践等方面。落实“体育与健康”课程体系，在严格执行国家课程方案和课程标准的前提下，结合自身实际、学校教育主题活动、体育社团活动、体育实践活动等不断拓展课堂时空。本书中提到的“奥林匹克精神促学生健康成长”“雪中师生情”“交通安全永记心中”等这些微课程的开发，让我们感受到教师在全方位的体育活动中，始终把学生的运动能力、健康行为、体育品质作为教育的终极培养目标。赵老师在这本书中很好地追踪了他个人的真实想法与做法。学生在学习生涯中能够遇到这样一位对学生有爱心、对工作有热心、对事业有信心的老师，才是学生最大的幸福。

赞赞赵卫新老师。赵卫新老师出版了这本《基于核心素养的体育与健康校本课程建设》专著，是新课改实施后基层体育教师梳理体育校本课程的一本经典之作。我想，这本书一定可以在很大程度上还原体育与健康校本课程建设的真谛，因此我答应了为这本著作写序，以表示对赵老师工作的认可。希望看到这本书的老师们，深刻理解赵老师写这本书的目的和含义，不要学皮毛，要学精神实质，要永远把体育教学目标放在心中，把体育课教学质量记在心上，把向学生传授有用的运动技能放在首位，把在体育课上抓紧时间锻炼学生身体当成责任，在这样的前提下梳理自己的教育教学思想，形成自己的教育风格。

为赵老师的成功点赞。

再次祝贺赵卫新老师第一本著作出版，希望能尽快看到他的第二本专著。

北京市体育特级教师　朝阳区小学体育教研员

前　言

近年来，中国经济飞速发展，人民生活水平不断提高。在良好的生活条件下，人们不再发愁吃、穿、住、行等问题，生活方式也已经悄然发生了变化：出行方式，从过去以骑车或步行为主到如今以乘车为主；家庭辅导，从往常父母陪伴到如今电子保姆“看管”；饮食结构，从往常白菜、萝卜、土豆为主到如今大鱼、大肉、油炸食品为主；家庭活动，从往常的户外活动到如今的桌边游艺……

久而久之，这种变化成了我国中小学生体质不断下滑的主要原因。

为了改变这种现状，中共中央国务院在2007年5月出台了《中共中央国务院关于加强青少年体育增强青少年体质的意见》，发出了开展“全国亿万学生阳光体育运动”的号召。

据有关部门报道，结合多年的学生体质健康成绩比对结果，现今我国青少年体质健康状况持续恶化的趋势得到了一定程度的缓解，但其整体水平依然令人担忧。除柔韧素质指标外，学生的视力、耐力、速度等人体基本素质仍然有缓慢下降趋势，我国青少年的体质健康水平仍处于危险边缘。

审视学生体质健康现状，展望体育与健康教育的未来，我校找准定位，发展个性，立足特色，以立德树人为教育的根本任务，以社会主义核心价值观为指导，紧紧围绕“立人为本　成志于学”的校训与办学使命，意在为学生构筑聪慧与高尚的人生奠基。我校体育教学的宗旨是培养学生的五大核心素养，即培养学生的身心健康素养、成志于学素养、天下情怀素养、审美雅趣素养和学会改变素养。在我们的教学理念中，清华大学附属小学（以下简称清华附小）学生的外显样态应为健康、阳光、乐学。“健康”是指身体，身体是立人之根；“阳光”是指心理、精神，精神是立人之魂；“乐学”是指学生对待学习投入的境界，这是立人之径。

围绕着清华附小的校训与办学使命，结合学生发展的五大核心素养，我校将教育的最终目标指向“成志教育”，这既是一种回归，又是一种升华。

就主体而言，“成志教育”首先体现了鲜明的学生立场，清华附小学子要立志、言志、行志，最终成志，同时兼顾校园生活中教师、家长的共同理想。就目标而言，“成志教育”既体现了国家对少年儿童的殷殷期待——实现中华民族伟大复兴的中国梦，更体现了清华附小学子独立的精神与人格。不同的人，其志向和人生规划各不相同，学生应在承载中华民族伟大复兴使命的基础上，实现自己的人生价值。

要实现个人价值，要更好地实现中国梦，健康的身体才是根本。为促进学生身体健康成长，增强学生身体素质与运动能力，我校创建了体育与健康课程，以保证学生每天在校能锻炼两个小时左右，并通过每天体育“三个一”帮助学生将体育当成生活或生命的一部分，以使学生真正拥有好体魄。

我校体育与健康课程包括所有有计划、有组织地引导学生参与的，具有增强学生体质，促进学生体育技能水平提高，发展学生良好心里品质，提高学生合作与交往能力之功效的体育活动。其设计内容涵盖学生在学校参与的体育课程、晨练微课堂、体育秀场、擂主争霸赛、运动会等；其设计理念是充分挖掘体育的教育意义与育人功能；其设计意图是引导学生树立正确的健康观念，让他们在清华附小的六年中身体发育良好、视力达标、体态匀称、体质强健，有一项自己喜欢的体育运动，有较强的身体活动能力，遇到危险时有正确判断与逃生自救的能力，养成健康的生活方式，形成积极进取、乐观开朗的生活态度，并且拥有朝气蓬勃的“精气神”。

本书主要以我校体育与健康课程开展情况与实施感受为编著素材，并遵循义务教育课程改革理念，紧扣体育与健康课程标准，其特点具体表现为以下几点。

全面性——依据新课程标准，结合学校体育与健康课程的设计理念，将体育“育体、育心、育人”的功能与价值最大化，将其渗透到学校体育的各个层面与环节中，以为学生构建聪慧与高尚的人生奠基。

针对性——以提高学生身体素质与运动能力为本，突出我校体育与健康课程特色，为教师准确实施高效体育教学提供切实有效的参考。

实用性——从学生实际需求出发，落实我校“儿童站立在学校正中央”的教育观念，通过不同水平的、典型的教学设计，展现本书的实用价值。

实践性—— 突出体育与健康课程的核心理念与课程性质，通过具体实例和实践研究结果，提供实践操作层面的指导性建议。

由于本书为本人初作，书中难免有不足之处，恳请读者批评指正。

目　录

第一章

课程标准促体育与健康课程快速发展

《义务教育体育与健康课程标准》（2011年版）再学习有感

《全日制义务教育体育与健康课程标准》（实验稿）自2001年开始实施以来引领着体育教学的发展潮流和发展方向。通过这些年的研究与实施，广大体育教师提升了教学水平，取得了较好的教学实践效果，获得了诸多体育教学经验，学生的学习能力也得到了相应发展。

《义务教育体育与健康课程标准》（2011年版）（以下简称“2011版新课标”）的发行更是为广大体育教师的教学研究和课堂教学实践指明了新的方向。那么，如何深入领会2011版新课标的精神，如何将这一精神更好地贯彻于教学实践中，就显得尤为重要了。我们的教学重点可以立足于以下几个方面：依据2011版新课标精神进行体育教学，实施素质教育，增强学生体能，发展学生的实践和创新意识，帮助学生掌握体育与健康的基础知识、基本技能与方法，让学生逐步学会学习和锻炼的方法。

一、2011版新体育课程标准的变化

（一）变化一

课标的名称发生了变化。原小学（1～6年级）的体育课程标准被称为《全日制义务教育体育课程标准》，初中、高中的体育课程标准（7～12年级）被称为《义务教育体育与健康课程标准》。2011年版就统称为《义务教育体育与健康课程标准》。

其名称变化依据的是《中共中央国务院关于深化教育改革全面推进素质教育的决定》中“学校教育要树立健康第一的指导思想”的要求。在体育与健康课程中始终贯彻“健康第一”的指导思想，这正是在新一轮课程改革中设立“体育与健康”课程的深义。然而，树立“健康第一”的指导

思想，不可能仅仅依靠“体育”和“健康教育”两门课程的简单合并，还需要综合利用学校的各项教育活动，综合各科教学形成系列课程。

（二）变化二

课程性质得以补充和完善。《全日制义务教育体育与健康课程标准》（实验稿）和2011版新课标在课程性质方面所述相同的地方是“以身体练习为主要手段”“增进学生健康”。由此可以看出，课程性质中始终未变的一是以身体练习为主，这是我们体育与健康课区别于其他学科的显著标志；二是增进学生健康，健康是人类永远追求的生活目标，体育又是人类保持健康的有效手段。这两点在两个版本的课程标准中反复提出体现了其实际意义和存在的必要性。据2011版中的课程性质所述，体育与健康课程是以身体练习为主要手段，以学习体育与健康知识、技能和方法为主要内容，以增进学生健康，培养学生终身体育意识和能力为主要目标的课程。

（三）变化三

将课程价值变为课程特性。为了方便进行对比，我将两个版本中的课程标准中的课程价值的内容设计了如下表格。

《全日制义务教育体育课程标准》（实验稿）：课程价值	《义务教育体育与健康课程标准》（2011年版）：课程特性
1. 增进身体健康	1. 基础性：课程强调培养学生掌握必要的体育与健康知识、技能和方法，养成体育锻炼习惯和健康的生活习惯，为学生终身体育学习和健康生活奠定良好的基础
2. 提高心理健康水平	2. 实践性：课程强调以身体练习为主要手段，通过体育与健康学习、体育锻炼以及行为养成，提高学生的体育与健康实践能力
3. 增强社会适应能力	3. 健身性：课程强调在学习体育与健康知识、技能和方法的过程中，通过适宜负荷的身体练习，提高体能和运动技能水平，促进学生健康成长

（续表）

《全日制义务教育体育课程标准》（实验稿）：课程价值	《义务教育体育与健康课程标准》（2011年版）：课程特性
4. 获得体育与健康知识和技能	4. 综合性：课程强调充分发挥体育的育人功能，强调以体育与健康学习为主，渗透德育，同时融合部分健康行为与生活方式、生长发育与青春期保健、心理健康与社会适应、疾病预防、安全应急与避险等方面的知识和技能，整合并体现课程目标、课程内容、过程与方法等多种价值

通过对比可以看出，2011版新课标对课程的特性进行了细致的分析。

首先是课程的基础性。由此特性可以看出，在九年义务教育阶段，体育与健康课程应重视运动知识和技能的基础性和全面性。教师通过指导，帮助学生对运动产生兴趣，养成基本的锻炼习惯，为终生体育奠定良好的基础。

其次是课程的实践性。这一特性表明，课程的实践性更加符合体育与健康课程的实际。在学习过程中，学生没有身体力行就不可能达到增强体能、掌握运动技能的目标。同时，教师在教学中还要讲授知识、开展心理健康教育、培养学生的道德品质等。教学目标贯穿于学生身体练习的过程中，由学生通过身体练习来达成。

再次是课程的健身性。运动负荷是学生增强体能，提高技能水平的根本保证，是衡量体育教学质量的重要指标。然而，体育与健康课程的学习与体育竞技有着根本的区别，它追求的不是运动竞赛成绩，而是学生的健康成长。

最后是课程的综合性。增进学生健康并不是体育与健康课程的唯一功能。作为学校教育的重要组成部分，体育与健康课程还有一项重要任务，那就是促进学生的全面发展。从这个意义上讲，体育与健康课程的目标不是一维的而是多维的，是综合性的。

（四）变化四

课程基本理念有变化。新旧课程标准中贯彻的课程的基本理念大体相同，《义务教育体育与健康课程标准》（2011 年版）强调“培养学生体育锻炼的意识和习惯”“帮助学生学会体育与健康学习”“关注地区差异和个体差异”。具体如下表所示。

《全日制义务教育体育课程标准》（实验稿）：课程基本理念	《义务教育体育与健康课程标准》（2011 年版）：课程基本理念
1. 坚持“健康第一”的指导思想，促进学生健康成长	1. 坚持“健康第一”的指导思想，促进学生健康成长
2. 激发运动兴趣，培养学生终身体育的意识	2. 激发学生的运动兴趣，培养学生体育锻炼的意识和习惯
3. 以学生发展为中心，重视学生的主体地位	3. 以学生发展为中心，帮助学生学会体育与健康学习
4. 关注个体差异与不同需求，确保每一位学生受益	4. 关注地区差异和个体差异，保证每一位学生受益

关于第三点帮助学生学会体育与健康学习，我的理解是体育教师要特别注重学生的学习活动，不能只关注教师的教，最重要的是要关注学生的学，充分发挥学生的主体地位，充分发挥学生的学习积极性和学习潜能，提高学生的体育学习能力，从而促进学生主动、全面地发展。例如，在球类运动中，教师过多过细的讲解和层次性指导练习会占用学生大量的体验与练习时间，这无法有效地激发和调动学生学习的积极性，无法做到以学生发展为中心。

关于第四点关注地区差异和个体差异的问题，2011 版新课标强调在保证国家课程基本要求的前提下，各地区和学校要根据体育与健康课程目标及课程内容，因地制宜，合理选择和设计教学内容，有效运用教学方法和评价手段，努力使每一位学生都能接受基本的体育与健康教育，促进学生不断进步和发展。

（五）变化五

课程设计思路的变化。对比新旧课标的异同点，了解 2011 版新课标的设计思路。

《全日制义务教育体育课程标准》（实验稿）：课程设计思路	《义务教育体育与健康课程标准》（2011 年版）：课程设计思路
1. 根据课程目标与内容划分学习领域	1. 根据学生全面发展的需求确定课程目标体系和课程内容
2. 根据学生身心发展的特征划分学习水平	2. 根据学生的身心发展特征划分学习水平
3. 根据可操作性和可观察性要求确定具体的学习目标	3. 根据可评价的原则设置可操作和可观测的学习目标
4. 根据三级课程管理的要求加大课程内容的选择性	4. 根据三级课程管理的要求保证课程内容的可选择性
5. 根据课程发展性要求建立评价体系	5. 根据课程学习目标和发展性要求建立多元的学习评价体系

（六）变化六

课程目标的变化。通过对比可以看出课程目标变化较大。

《全日制义务教育体育课程标准》（实验稿）：课程目标	《义务教育体育与健康课程标准》（2011 年版）：课程目标
1. 增强体能，掌握和应用基本的体育与健康知识和运动技能	1. 学生将掌握体育与健康的基础知识、基本技能与方法，增强体能
2. 培养运动的兴趣和爱好，形成坚持锻炼的习惯	2. 学会学习和锻炼，发展体育与健康实践能力和创新能力
3. 具有良好的心理品质，表现出人际交往的能力与合作精神	3. 体验运动的乐趣和成功，养成体育锻炼的习惯
4. 提高对个人健康和群体健康的责任感，形成健康的生活方式	4. 发展良好的心理品质、合作与交往能力
5. 发扬体育精神，形成积极进取、乐观开朗的生活态度	5. 提高自觉维护健康的意识，基本形成健康的生活方式和积极进取、乐观开朗的人生态度

1. 目标一

学生将掌握体育与健康的基础知识、基本技能与方法，增强体能。

本目标的制订体现了增强体能的重要性，强调中小学生学习体育与健康课程的最终目标是通过运动技能的学习来实现全面、健康的发展，并非在教学中学习高难度的动作及深不可测的运动技能。该目标也是体育与健康传承目标之一。

2. 目标二

学会学习和锻炼，发展体育与健康实践能力和创新能力。

运用正确的体育锻炼方法进行身体锻炼，是体育与健康课程的目标之一，其核心就是掌握常见的锻炼方法，提高体育实践能力。对于知识的学习由“学会”变为“会学”，也就表明了实践能力和创新能力的提高。例如，学生在学习耐久跑时，教师可以通过精练的讲解使学生明确动作方法、呼吸方法以及体能分配方法，然后让学生根据自己的实际水平进行练习，从而提高学生的实践能力，使学生掌握合理应用体能的方法。

3. 目标三

体验运动的乐趣和成功，养成体育锻炼的习惯。

体育与健康课程是以身体练习为主的学科，旨在通过体育教学激发、培养学生参与体育运动的兴趣，进而使他们积极参与体育运动，体验成功的乐趣。只有这样，学生才会形成坚持锻炼的习惯，养成终身锻炼的意识。

4. 目标四

发展良好的心理品质、合作与交往能力。

体育活动对提高学生心理健康水平与社会健康水平有着重要的促进作用，学生能够通过体育活动增强自信心，提高心理素质，形成自尊、自信、坚强等良好的心理品质，树立尊重他人、理解他人、合作共赢的意识。

5. 目标五

提高自觉维护健康的意识，基本形成健康的生活方式和积极进取、乐观开朗的人生态度。

充分发挥体育的育人功能是体育与健康课程的重要追求，使学生通过体育学习和活动形成积极进取、不畏困难、勇于拼搏、乐观开朗、热爱生活的人生态度，以及热爱祖国、热爱社会主义、热爱集体的观念，为学生健康生活奠定基础。

（七）变化七

学习领域目标变为课程的四个学习方面。《全日制义务教育体育课程标准》（实验稿）中的学习领域目标在2011版中被合并为运动参与、运动技能、身体健康、心理健康与社会适应四个学习方面，其划分的依据是学习目标和内容性质的不同。

1. 运动参与

其目标主要包括两个方面：参与体育学习和锻炼；体验运动乐趣与成功。

运动参与是学生习得体育知识、技能和方法，锻炼身体和提高健康水平，形成乐观开朗生活态度的实践要求和重要途径。本课程强调通过丰富多彩的内容、形式多样的方法，在小学阶段注重引导学生体验运动乐趣，使学生在体育学习中体验到成功，由此可见目标的两个方面是相互影响、相互作用的。

2. 运动技能

其目标主要包括三个方面：学习体育运动知识；掌握运动技能和方法；增强安全意识和防范能力。“学习体育运动知识”包括学习与运动技能相关的知识、科学锻炼知识和奥林匹克文化知识。“掌握运动技能和方法”包括学习、掌握、运用运动技能和方法，并能够将所学的运动技能和方法运用到体育锻炼与娱乐休闲活动中去。“增强安全意识和防范能力”包括掌握安全知识，增强在体育活动中的安全意识，提高安全运动和安全生活的技能等。运动技能反映了体育与健康课程以身体练习为主要手段的基本特征，是本课程学习的重要内容和实现其他课程分目标的主要途径。在小学阶段，要注重体育游戏学习，发展学生的基本运动能力。例如，在水平一、二阶段应以发展学生的基本运动能力为主，主要采用游戏、比赛、情境教学等形式，利用多种教法激发和调动学生学习的积极性和主动性，促进学生运动技能水平的提升。

3. 身体健康

其目标主要包括四个方面：掌握基本保健知识和方法；塑造良好体形

和身体姿态；全面发展体能与健身能力；提高适应自然环境的能力。我们应根据不同目标，采取不同的内容和策略进行教学，引导学生努力学习和锻炼，全面发展体能，提高适应环境变化的能力，也要注意在小学阶段引导学生懂得营养、行为习惯和疾病预防对身体发育和健康的影响。

4. 心理健康与社会适应

其目标主要包括四个方面：培养坚强的意志品质；学会调控情绪的方法；形成合作意识与能力；具有良好的体育道德。心理健康与社会适应是体育与健康课程功能和价值的重要体现。本课程十分重视培养学生的自信心、坚强的意志品质、良好的体育道德、合作精神及公平竞争的意识，帮助学生掌握调节情绪和与人交往的方法。体育教师要结合教学和体能练习，创设适宜的教学情境，采用有效的教学方法，促进学生心理健康水平和社会适应能力的提高。小学阶段要注意培养学生的自尊、自信和不怕困难的精神。

（八）变化八

课程内容的变化。

（1）《全日制义务教育体育课程标准》（实验稿）按学习领域，分别从运动参与水平目标的水平一开始撰写至水平六，随后再从运动技能水平目标的水平一开始撰写至水平六，然后再进行身体健康、心理健康、社会适应等方面的撰写。

（2）2011 版新课标中的课程内容按照年级水平进行划分，先是水平一的“运动参与、运动技能、身体健康、心理健康与社会适应”，然后是水平二的“运动参与、运动技能、身体健康、心理健康与社会适应”，随后是水平三的相关内容。

（3）通过新旧课程标准中课程内容的对比可以发现，课程内容的变化主要有三个方面：

① 更加注重从学生学习的角度入手。

② 通过对比可以发现 2011 版新课标增加了“评价要点”和“评价方法举例”两方面内容。由此表明其更加注重评价，此要求更便于教师对学生学习效果、学习积极性等方面进行评价。

③ 根据学习方面目标和水平目标细致地制定出了各层学习目标，明

确、细致、具体，有利于教师的教和学生的学。

二、2011版新课标目标体系基本框架中水平一的内容

学习板块	学习内容	学习目标
运动参与	参与体育学习和锻炼	上好体育与健康课并积极参加课外体育活动
运动技能	学习体育运动知识	获得运动的基本知识和体验
	掌握运动技能和方法	学习基本的身体活动方法和体育游戏，学习不同的体育活动方法
	增强安全意识和防范能力	初步了解安全运动以及日常生活中有关安全避险的知识和方法
身体健康	掌握基本保健知识和方法	初步了解个人卫生保健知识和方法
	塑造良好体形和身体姿态	注意保持正确的身体姿态
	全面发展体能与健身能力	初步发展柔韧性、灵敏性和平衡能力
	提高适应自然环境的能力	发展户外运动能力
心理健康与社会适应	培养坚强的意志品质	努力完成当前的学习任务
	学会调控情绪的方法	体验体育活动对情绪的积极影响
	形成合作意识与能力	在体育活动中适应新的合作环境
	具有良好的体育道德	在体育活动中爱护和帮助同学

（一）运动参与

参与体育学习和锻炼

学习目标：上好体育课并积极参加课外体育活动。

达到该目标时，学生将能够积极、愉快地上体育与健康课和参加课外体育活动。如不旷课、主动积极地完成学习任务等。

【评价要点】上课出勤率、参加课内外体育与健康学习与活动的表现。

【评价方法举例】让学生说出自己参加课外体育活动和体育游戏的情况。

（二）运动技能

1. 学习体育运动知识

学习目标：获得运动的基本知识和体验。

达到该目标时，学生也能够：

① 知道所学运动项目或体育游戏的名称或动作术语。如知道跑步、篮球、乒乓球、游泳等运动项目的名称，以及滚翻、仰卧起坐等常见身体运动动作的名称或术语。

【评价要点】能够描述所学项目名称或动作术语。

【评价方法举例】教师或学生做出一些动作，让学生尝试说出动作的名称或术语。

② 体验运动过程并初步了解一些运动现象。如体验速度、节奏、力量、方向等运动现象。

【评价要点】对运动现象的了解程度。

【评价方法举例】让学生在运动体验中描述力量大小、方向变化、速度快慢等运动现象。

2. 掌握运动技能和方法

（1）学习目标 1：学习基本的身体活动方法和体育游戏。

达到该目标时，学生将能够：做出基本动作。如在体育游戏活动中完成多种形式的走、跑、跳、投、抛、接、挥击、攀、爬、钻、滚动和支撑等动作。

【评价要点】完成所学动作的熟练程度。

【评价方法举例】评价学生跑步时的身体姿态和动作。

（2）学习目标 2：学习不同体育活动方法。

达到该目标时，学生将能够：

① 初步学会常见的球类游戏。如学习小篮球、小足球、乒乓球等适合本水平学生学习的球类游戏。

【评价要点】参与球类游戏活动的表现。

【评价方法举例】评价学生在“打鸭子”游戏活动中的灵活性和协调性。

② 学习一些体操类运动的基本动作。如学习横队和纵队看齐、向左（右、后）转、立正、稍息、踏步、齐步走、站立、蹲立、仰卧、俯卧、纵叉、横叉等基本体操动作；棍、球、绳等轻器械体操动作；多种个人和集体的舞蹈动作、韵律动作等。

【评价要点】完成所学动作的节奏感、柔韧性和协调性。

【评价方法举例】评价学生完成韵律动作的表现。

③ 学习一些游泳或冰雪类活动的基本动作。如学习水中呼吸、蛙泳的基本动作，或者冰上行走等（有条件的地区和学校）。

【评价要点】 完成所学游泳或冰雪类活动基本动作的情况。

【评价方法举例】 评价学生在游泳中上肢、躯干、下肢和呼吸协调配合的表现。

④ 学习一些武术类活动的基本动作。如学习基本手型、抱拳、马步、蹬腿、冲拳等简单的武术基本动作、3～5个简单动作组成的动作组合等。

【评价要点】 完成所学动作的协调性和连贯性。

【评价方法举例】 评价学生完成武术操的表现。

⑤ 学习一些其他简单的民族民间传统体育活动项目的基本动作。如学习滚铁环、抽陀螺、荡秋千、跳皮筋、跳绳、踢毽子等活动的基本动作。

【评价要点】 完成所学动作的情况。

【评价方法举例】 评价学生踢毽子的熟练程度。

3. 增强安全意识和防范能力

学习目标：初步了解安全运动以及日常生活中有关安全避险的知识与方法。

达到该目标时，学生将能够：知道基本的安全运动知识和方法，注意体育活动和日常生活中的安全。如注意穿着合适的运动服装上课，运动前做好准备活动，在规定的场地内活动，合理、正确使用体育器材；过十字路口时不闯红灯，走斑马线；乘车时系安全带，头、手不伸出窗外。熟悉一些简单的紧急求助方法。如发生紧急情况时，会拨打求助电话等。

【评价要点】 掌握安全运动以及日常生活中有关安全避险的知识和方法的程度。

【评价方法举例】 让学生说出自己所了解的安全运动知识；观察学生在体育活动中安全运动的行为表现。

（三）身体健康

1. 掌握基本保健知识和方法

学习目标：初步了解个人卫生保健知识和方法。

达到该目标时，学生将能够：初步了解饮食、用眼、口腔卫生等个人卫生常识。如按时进餐，不挑食、不偏食，知道牛奶、豆类等食物的作用；按要求做眼保健操；知道正确的刷牙方法和龋齿预防方法；按时就寝；不乱扔果皮纸屑，不随地吐痰；饭前便后洗手，勤洗澡、勤换衣；文明如厕，自觉维护厕所卫生；知道蚊子、苍蝇、老鼠、蟑螂等会传播疾病；了解接种疫苗可以预防一些传染病等。

【评价要点】了解所学保健知识的程度以及日常的个人卫生行为表现。

【评价方法举例】让学生说出自己平时能够做到哪些个人卫生要求。

2. 塑造良好体形和身体姿态

学习目标：注意保持正确的身体姿态。

达到该目标时，学生将能够：

① 知道正确的身体姿态。如指出正确的坐、立、行姿态等。

【评价要点】识别正确身体姿态的能力。

【评价方法举例】让学生区别正确与不正确的身体姿态。

② 在日常生活和运动中注意保持正确的身体姿态。如注意保持正确的坐、立、行姿态和读写姿势等。

【评价要点】在各种场合努力保持正确身体姿态的表现。

【评价方法举例】学生相互评价在整队时保持正确身体姿态的情况。

3. 全面发展体能与健身能力

学习目标：初步发展柔韧性、灵敏性和平衡能力。

达到该目标时，学生将能够：

① 完成多种柔韧性练习。如完成横叉、纵叉、仰卧推起成桥、握杆转肩、跪坐后躺下、坐位体前屈和立位体前屈握脚踝等柔韧性练习。

【评价要点】完成柔韧性练习的质量。

【评价方法举例】评价学生完成横叉、纵叉的情况。

② 完成多种灵敏性练习。如完成 8 字跑、绕竿跑等灵敏性练习。

【评价要点】灵敏性测试的成绩。

【评价方法举例】测评学生完成绕竿跑的速度。

4. 提高适应自然环境的能力

学习目标：发展户外运动能力。

达到该目标时，学生将能够：乐于参加户外运动。如假期与家人一起进行户外运动等。

【评价要点】参加户外运动的情况。

【评价方法举例】让学生说出参加过哪些户外运动及其感受。

（四）心理健康与社会适应

1. 培养坚强的意志品质

学习目标：努力完成当前的学习任务。

达到该目标时，学生将能够：认真完成体育学习和锻炼任务。如按要求努力完成教师在课堂上布置的体育与健康学习任务等。

【评价要点】完成体育学习和锻炼任务时的表现。

【评价方法举例】让学生说出自己认真完成教师在课堂上布置的体育与健康学习任务的情况。

2. 学会调控情绪的方法

学习目标：体验体育活动对情绪的积极影响。

达到该目标时，学生将能够：体验体育活动中的情绪变化。如体验体育活动前后情绪变化的感受等。

【评价要点】说出体育活动前后情绪变化的事例。

【评价方法举例】让学生说出参与“老鹰捉小鸡”游戏前后的情绪变化和体验。

3. 形成合作意识与能力

学习目标：在体育活动中适应新的合作环境。

达到该目标时，学生将能够：在新的合作环境中愉快地进行体育活动和体育游戏，与同学友好相处。如在重新分组后很快地和新伙伴一起愉快地活动等。

【评价要点】在体育活动中适应不同合作环境的表现。

【评价方法举例】让学生说出在体育活动中与新伙伴配合的情况和体验。

4. 具有良好的体育道德

学习目标：在体育活动中爱护和帮助同学。

达到该目标时，学生将能够：在体育活动中表现出对同学的关心与爱护，乐于帮助同学。如当同学在体育与健康学习中遇到困难或需要保护时能够主动提供帮助等。

【评价要点】在体育活动中团结互助的行为表现。

【评价方法举例】评价学生在体育与健康学习中帮助同学的表现。

第二章

系列课程促学生身心成长

奥林匹克精神促学生健康成长

——记我校首届秋季运动会

在金桂飘香的金秋时节，为弘扬奥运精神，营造健康向上的校园体育文化氛围，我校举行了建校以来的首届秋季田径运动会。此次运动会以奥运精神与文化为主题，以第二十三届洛杉矶奥运会到第三十届伦敦奥运会的知识链接为内容，并以这八届奥运会的吉祥物为载体，旨在帮助学生丰富奥林匹克知识，了解奥林匹克文化，感受奥林匹克精神。

运动会前期，体育教师利用早读、午检和体育课三分钟等时间，对学生进行以奥林匹克为内容的教育，让学生了解奥林匹克的起源、知道奥林匹克格言、懂得奥林匹克精神的深刻含义与价值、明确参与体育运动带来的益处等。通过教师的这些宣讲，学生知道了其中的真谛，并表现出了积极参与各项体育运动的热情。对学生来说，学校操场已经变成了欢乐的海洋。

开幕式是增加学生仪式感及展现各班学生精神风貌的舞台。运动会当天，整个操场上彩旗飘扬，一派热闹欢腾的景象。入场式准时开始，各班学生服装统一、步伐整齐、精神振奋，展现出清华少年朝气蓬勃的样态。入场式时各班学生还充分发挥了聪明才智，用不同方式展现了本班班徽和吉祥物，受到了到场嘉宾和家长的一致好评。开幕式的广播操展示环节，学生们用良好的精神面貌和整齐划一的动作，赢得了嘉宾和家长的阵阵掌声，充分展现了清华附小学生健康、阳光的精神样态！

学生在赛场上拼搏

运动会赛场上，各班运动员都奋力拼搏，彰显了运动的魅力，每一名运动员都努力为集体荣誉贡献力量，上演了一场场精彩对决，激发了学生的斗志，培养了学生的团队荣誉感。比赛中各班的啦啦队也毫不逊色，都在摇旗呐喊，为场上的运动员加油助威，让整个运动场显得激情洋溢、活力四射，为本届运动会增添了一道独特的风景线。本届运动会共有 12 个项目，家长与学生共同参与的项目有 7 个，教师和家长共同参与的比赛项目有 2 个，旨在让本届运动会成为学生、家长、教师共同的节日，让学生在脑海里留下一段美好回忆。本届运动会以弘扬奥林匹克精神为目标，贯彻了“奥运会重要的不是胜利，而是参与”的深刻内涵。

本届运动会的高潮出现在家长和教师的 4×100 米接力赛中。这场接力赛中，赛场上出现了四支参赛队，分别是教师男队、教师女队、家长男队、家长女队。此项比赛的设计意图是增强教师和家长间的交流、增进家校间的感情，是名副其实的以赛会友。同时此项比赛也旨在让一、二年级的学生感受到田径比赛带来的速度与激情，从而更好地践行“更高、更快、更强”的奥林匹克理念。随着一声枪响，激烈的比赛开始了，各队队员奋勇拼搏并充分发挥自身潜能，最终教师男队与女队获胜。此时赛场上呈现出一片欢腾的景象，教师和家长相互握手祝贺，学生欢呼着、跳跃着，充分享受着运动带来的快乐。

教师和家长接力赛跑

在本届运动会中，更为激动人心的是篮球比赛。家长篮球队通过小组赛产生了种子队，种子队与教师队进行决赛。决赛开始了，教师队首先发球，一个漂亮的上篮得分，赛场的观众沸腾了。随后家长队加强防守，紧接着一个抢断，家长队转守为攻，传球、投篮，球进了，两队比分追平，比赛更加精彩和激烈。经过多个回合的角逐，家长队最终以 9 分的优势胜出。双方队员在观众的欢呼声中相互握手鼓励，为本次运动会画上了一个圆满的句号。

【评价与反思】

1. 评价

（1）本次运动会的召开，达成了预期的设计目标，让学生了解了的奥林匹克知识，知道了奥林匹克精神的意义与价值，感受到了运动的魅力，提高了学生主动参与体育运动的主动性与积极性，发展了学生的运动才能与创新智慧，为学生好品格与好体魄的形成奠定了基础。

（2）学生通过参与本次运动会，体验到了体育凝聚实力的真正意义，感知到了自身运动水平的优劣。本次运动会让学生能够常知不足而努力奋斗，培养了学生积极进取的体育精神，为学生身体素质的提升与终身参与体育锻炼之习惯的养成打下了基础。

（3）家长与教师通过参与本次运动会，不但在运动上给学生做了示范和引领，而且更加激发和调动起了学生的运动激情。家长、教师的参与使得学生能够以家长为榜样、以教师为荣耀，从小树立“健康第一”的意识。

（4）本届运动会从筹备到举行历时近一个月。从前期设计制作奥运知识宣传横幅，到利用各种时间进行奥林匹克知识宣讲，再到运动会的三次彩排，直至运动会正式开幕，因为有了教师与学生的全身心投入，本次运动会才得以在安全、欢乐、祥和的气氛中落下帷幕。此次运动会展现了我校师生良好的精神风貌，也展现了全体师生团结向上、奋力拼搏的进取精神。

2. 反思

（1）本届运动会是我校建校1年以来首次举行的大型运动会，参与人员覆盖全体学生、家长和教师。由于运动会前期我们精心制订了各种计划和安全预案，增加了家长志愿者，做到了嘉宾和家长凭证入场、凭证参赛，使得本届运动会没有出现任何安保问题。

（2）赛前为了比赛的有序进行，为了保证裁判员公平、公正，我们对各位家长和教师裁判员进行了细致培训，使得比赛能够按计划如期举行，没有出现竞赛超时的现象，保证了各项比赛正常有序进行。

（3）本届运动会使用场地为我校新落成的体育场，场地北侧形成了一定程度的高低落差，为保证学生今后的运动安全，需向学校提出修缮的申请。

（4）通过本届运动会，学校涌现出许多具有运动天赋的体育小能手。学校需要在本次运动会后进一步选材，着手筹建各种体育社团，为今后学校体育运动项目的发展积蓄能量。

中华魂　清华情

——徒步两园，感受清华文化

为锻炼学生意志，提高学生徒步能力，增强学生身体素质，塑造学生的完整人格，引导学生回顾历史并了解清华文化，我校组织一年级学生走进清华附小本校感受名校风采，组织二年级学生走进圆明园聆听其300年历史。通过本次活动的开展，学生徒步行走于清华园与圆明园中，感受到了清华的深厚底蕴与文化魅力，了解了圆明园被英法联军焚掠及新中国成立前后百年间的坎坷经历。整个徒步参观活动结束后，二年级学生深受教育，纷纷表示不忘历史，立志为中华崛起而读书。一年级学生通过此次活动了解了清华大学与清华附小的校史知识，坚定了刻苦学习、锻炼身体的决心，表达了以实际行动报效祖国的愿望。

本次徒步活动预计一年级学生在清华园徒步行走2～3千米，二年级学生在圆明园徒步行走3～3.5千米。进入清华附小后，一年级学生在教师的组织和引导下观摩了高年级学生的体育课，观看了全校的课间操，看到了高年级学生刻苦锻炼的身影，感受到了高年级学生顽强拼搏的体育精神，领略了全校师生规范的队列与整齐划一的广播操动作，领悟到了体育的魅力，振奋了精神，并在心中埋下了体育的种子。随后，一年级学生分成四组，在讲解员的引导下参观了清华附小本部校园，进一步了解了附小的校史。接下来，一年级学生漫步在清华园中，参观了拥有百年历史的校门和清华学堂，聆听了闻亭的钟声，了解了断碑的历史，并在断碑前唱了清华附小的校歌。秋天的清华园格外引人注目，学生走过水木清华附近的春园荷塘时，语文教师朗诵起了朱自清的《荷塘月色》，学生听得格外入迷使得身体的疲惫一下子飞到了九霄云外。学生继续前行，分别参观了科学馆、理学院、古月堂、工字厅、西体育馆。在徒步参观中，每位学生都表现出了自强不息的清华精神，也更加懂得了作为一名清华少年应有的责任与担当！

二年级全体师生一起走进了圆明园遗址公园。进入圆明园，映入学生眼帘的是断壁残垣。聆听完圆明园300年的历史，学生了解到：圆明园被称作万园之园，是世界奇观，但由于腐败无能、闭关锁国的清政府无法抵挡八国联军的洋枪大炮，才使得这处皇家园林遭遇了英法联军的暴行。此次圆明园徒步之行通过回顾历史，激发了学生的拼搏斗志，培养了学生的爱国主义情怀，坚定了学生传承和弘扬中华文明的决心。学生分别参观了圆明园石碑、西洋景观、鉴碧亭、绮春园等，不仅丰富了课外生活，还磨炼了意志，懂得了团结互助的道理，发扬了顽强拼搏的体育精神。完成一次累其体肤、树其精神的体育与健康户外实践活动，让学生在阳光下亲近清华文化，感知圆明园历史，让学生“在实践中体验，在体验中发展，在发展中成长”，这是我们此行的初衷。

徒步行动结束后合影

通过此次体育与健康课程徒步活动的开展，我们达成了“增强学生身体素质，激发学生爱国主义情怀，树立学生良好的人生观和价值观”的目标，让学生感受到了中华魂与清华情。

【评价与反思】

1. 评价

（1）本次活动的设计意图：通过长段徒步走进行参观游览，提高学生的身体素质，培养学生的意志品质。学生通过本次徒步活动，暴露出了体能较差的问题。最终，在各班教师的启发和激励下，学生在保证安全的前提下完成了本次徒步活动，获得了良好的锻炼效果。这也让学生知道了自知不足而锻炼的道理，为学生从小养成良好的锻炼意识和习惯打下了坚实的基础。

（2）学生在徒步锻炼的过程中接受了爱国、爱校教育，增强了爱国主义情怀，产生了努力奋斗、刻苦学习、感恩母校、为校争光的思想。

2. 反思

(1) 为了保证学生饮水，很多家长在学生书包里放了好几瓶水。再加上食物和其他物品，学生的书包最轻的有 2.5 公斤，最重的达到了 4 公斤左右。但在活动结束乘车返校时，学生还出现了相互要水的现象。通过本次活动，体育教师要细致地思考以下几个问题：①学生活动一天的饮水量；②运动前、运动中、运动后饮用水来源；③各年级学生徒步行走时，书包的合理重量；④合理安排学生徒步行进时间与休息时间。

(2) 通过徒步行进观赏景观、倾听介绍、聆听历史，学生接受了爱国与爱校教育，这次活动收到了良好的实践效果。以后开展此种活动时，教师要调整好观赏和聆听队形，照顾到全体学生。

雪中师生情

——缓解学生压力，释放学生天性

冬日的一个清晨，北京飘起了鹅毛般的大雪。这种天气下，大部分学校启动了应急预案，停止一切室外活动，课间操时间只安排学生在班里倾听广播或分组进行广播操练习等。我校则一反常态，体育教师快速反应，制订了课间操时间雪中活动计划。首先利用课间 5 分钟在电视台进行安全教育和活动介绍，然后让学生穿好衣服带好手套排好队，将学生带到操场上指定的活动区域。随后在各班老师的组织下，学生利用简单的工具堆雪人，各班出一名学生代表参加打分，评选出最佳雪人设计奖。

学生在班主任的组织下开始了雪中“自由活动”，评选活动结束后，许多学生都追着教师，把手中的雪大把大把地洒向教师，教师也把手中的

雪洒向了学生，操场上充满了欢声笑语，学生和教师都沉浸在这难得的美景之中。活动中学生早已忘记了冬日的寒冷，玩得十分尽兴，有在雪上踏脚印的，有推雪球的，有堆雪人的，有打雪仗的，不亦乐乎。学生的脸上始终洋溢着甜美的笑容，他们就像寒冬腊月绽放的梅花，幸福地盛开在清华附小的校园中。最后学生纷纷合影留念，把这一幅幅美景定格下来。活动结束，各班学生又排着整齐的队伍，安安全全地回到了班里，全身心投入到学习中。

【评价与反思】

1. 评价

(1) 体育教师快速反应，制订了安全、科学、有效的活动计划。本次活动最终在全体教师的协调和配合下取得了圆满成功，让学生真正感受到了冬雪带来的快乐。这是一次亲近大自然、促进师生情的活动。

(2) 本次活动适时适度地释放了儿童的天性，让学生得以在保证安全的前提下愉快地在雪中有目的、有计划、有组织地开展各种活动，达到了帮助学生释放学习压力、调整情绪的目的，较好地调动了学生的学习积极性，激发了学生的学习主动性。

(3) 本次活动增强了学生的身体素质，激发了学生参与冰雪运动的兴趣，提高了学生的平衡能力与快速反应能力，培养了学生不畏严寒、吃苦耐劳的优良品质。

2. 反思

(1) 应该将本次活动作为今后可借鉴的案例，使之成为学校室外活动的组成部分，选择恰当时机，在保证安全的前提下有序开展。

(2) 组织教师加强巡视，及时制止学生的危险行为，避免危险事件的发生。

(3) 依据雪情，结合学生的年龄与知识水平差异，协调各学科进行课程整合，例如，语文可学习或朗诵关于雪的文章或诗篇；数学可以测量雪的厚度、了解有关面积问题；音乐可以选择与雪有关的歌曲进行学唱；美术可以进行雪景写生；科学可以进行雪融化成水的实验研究；等等。如此一来，一场降雪就促成了一次学科课程整合的盛宴。

（4）体育教师应抓住这一契机，在午间广播课程中讲解和介绍如何在雪天防止冻伤，以及摔伤后如何处理，等等。这样便能教给学生更多的防护知识，提高学生的自救能力。

伴学生走上聪慧的旅程

——记我校师生通州大运河森林公园探宝活动

为了让学生亲近大自然，了解通惠河文化，我校组织全校师生赴通州大运河森林公园开展了定向探宝活动。本次活动的目的在于：让学生凭借地图和指北针，通过小组共同努力，解决各种困难，完成各项任务，顺利完成本次聪慧之旅，以此提高学生的身体素质，发展学生的定向能力，帮助学生克服急躁情绪，实现生生间的友好交往与合作。

旅游车缓缓地停在了通州大运河森林公园，学生下车后排起了整齐的队伍，身背2公斤左右的背包，准备开始本次活动。此次活动打破了以班级为单位的组织模式，以小组为行动单位，每个小组分别由4名二年级学生和4名一年级学生组成，并由一名教师和一名家长志愿者带队。活动开始时学生还给自己所在的小队起了响亮的名字，然后高兴地开始了此次活动。此次活动，每个小队要完成六项任务：①收集两位陌生人的签名；②了解三种植物的名称及产地；③了解两个体育运动项目；④找到一棵有两个鸟窝的大柳树；⑤小组合作通过吊桥；⑥了解通惠河文化与校训，回答问题。

我带队的小组，一年级学生在二年级学生的带领下，开始了此次智慧之旅。他们首先找到了两位叔叔，完成了第一项任务。随后他们看着地图，高兴地沿着大路向树林走去。到了树林里，他们分工合作，找到了三种有标牌的树木，分别记下了它们的名称和产地。小队向下一目标进发，但是队员间产生了分歧，有的说先去了解两项体育运动，有的说先去找大柳树，他们为此争论得不可开交。带队的家长志愿者看不下去了，想上前制止，我拦住她："千万别忘记本次活动的要求。"家长便回到原位，等待他们的讨论结果。最终，该小队决定按照规定顺序解决问题。他们拿起地图向体育健身公园跑去，随后找到了一位热心的爷爷，完成了第三项任务。接着，他们又顺利地完成了剩下的任务。六项任务完成后，小组每名队员都已经气喘吁吁、汗流浃背。但他们不仅没有表现出筋疲力尽的模样，反而兴高采烈、欢呼雀跃，完全沉浸在成功的喜悦中。

随着时间的推移，很多小组也都顺利完成任务来到了通惠河边。此时各组指导教师和家长志愿者引导学生开始了对通惠河文化的学习，帮助学生了解了更多通惠河相关的知识，圆满地完成了本次旅程。

【评价与反思】

1. 评价

(1) 有赖于全体教师的精心准备和家长志愿者们的辛勤付出，本次活动取得了良好的教育效果，没有出现学生走失的情况，也没有出现学生物品遗失的现象，没有发生学生摔伤、扭伤等突发事件。

(2) 本次活动对一、二年级学生进行了混合分组，极大地调动了二年级学生的主动性，他们表现出较强的运动能力和生活能力，对一年级学生关心备至，与一年级学生形成了较好的合作伙伴关系，为顺利地完成任务提供了保障。

(3) 本次活动有效提升了学生的身体素质和定向能力，激发了学生的挑战欲望，为学生实际生存能力的提高奠定了良好的基础。

(4) 通过教师、家长的讲解，学生了解了更多的关于通惠河的文化，为完成"立志、言志、行志、成志"这一目标树立了坚定的信心。

(5) 本次活动中没有出现一例乱丢垃圾的现象，达到了本次活动提出的人走地净的活动要求，较好地展现了清华附小学生懂礼貌、讲卫生、爱环境的优秀品格。

2. 反思

(1) 由于学校刚刚建校不到两年，教师人数明显不足，特将此次活动定位为家校活动。本次活动得到了家长委员会和家长志愿者的大力支持，同时增进了家校感情，为今后家校的交流与合作架起了一座友谊的桥梁，同时为家校共同组织活动提供了成功案例。

（2）在活动中，学生的积极性空前高涨，为了提高速度总选择跑步前进、跑步穿越各种地形，这就对学生的服装和鞋子有了特殊的要求：服装最好是适合运动的、较宽松的，鞋子最好具有很好的透气性。这样便可保证学生充分发挥自己的运动才能。

（3）活动过程中，由于年龄差异，一年级部分学生出现了体能不足的问题。小组通过休息、少量饮水等，及时调整了学生的运动状态，为学生顺利完成聪慧之旅提供了保证。

（4）通过了解得知，在本次活动中有的小组由于意见不统一，出现了不和谐的现象，依靠家长志愿者和教师的力量，问题才得以解决。在以后的活动中，家长志愿者和教师可以及时给予引导和点拨，但千万不要大包大揽，应逐步培养学生独立解决问题的能力。

交通安全永记心中

——记别开生面的交通安全运动会

为了推进朝阳区交通安全进校园活动的启动，我校组织了朝阳区推进交通安全进校园活动课程，并举办了清华附小商务中心区实验小学第二届春季团体趣味运动会。

本次活动通过普及交通安全知识，认识交通指示标志，组织家长和学生共同参与丰富多彩的交通安全活动，来构建小手拉大手文明出行的交通环境，帮助学生树立交通安全意识，使学生养成自觉遵守交通法规的习惯，为构建和谐文明的交通环境助力。

在活动前期，由体育教研组领衔，对本次活动进行了深入研究。学校结合课程资源，整合美术、书法、音乐等学科，设计开发了多种关于交通安全的知识课程。美术课：让学生开拓思维并自主创作主题鲜明的交通安全宣传画，培养学生懂法、守法、自觉遵守交通法规、安全出行的良好习惯，引导学生努力成为交通安全出行“小使者”。音乐课：教师通过搜索并筛选相关材料，精心备课，为学生选择一些具有代表性的交通安全歌曲，通过课堂中的教授、交流、学唱等活动，让学生懂得遵守交通法规的重要性，培养学生的交通安全意识，帮助学生树立责任感。科学课：教师通过讲授和演示，让学生了解更多的交通安全知识，例如，汽车的安全色、红绿灯的科学性、交通指示标志、汽车的构造等；让学生了解交通设施中蕴含的科学道理，从兴趣出发充分参与到学习和体验活动中去，培养自身的交通安全素养。体育课：教师设计丰富多彩的交通安全游戏，让学生在游戏规则的约束下懂得交通法规的意义，让他们在参与游戏的过程中体验到遵守交通法规的重要性，逐步形成良好的交通法规意识。

“交通安全”活动入场式（1）

“交通安全”活动入场式（2）

在入场式中，学生身着各色服装分别扮演公交车司机、货车司机、行人、警察。他们迈着整齐的步伐入场，并在主席台前喊出了整齐而响亮的口号，彰显了自觉遵守交通法规的决心。随后，学生在两位女交警的带领下展示了我校自编的交通指挥操。他们的动作标准规范、整齐划一，口号洪亮，充分展现了“少年小交警”饱满的精神状态。

随后，学生代表宣读《遵守交通安全承诺书》，将本次开幕式活动推向了高潮。最后，到场嘉宾、家长、学生在交通宣传画上签名承诺，为接下来竞赛活动的顺利开展提供了保证。

本次活动中的比赛项目以宣传交通法规为宗旨、以落实交通安全为目标，充满了趣味性。学生和家长围绕“快乐的搬运工”“履带推土机”“车轮滚滚”“小小三轮车”“公共汽车”等运动项目开始了角逐，他们严格遵守交通法规，显示了很强的责任感。这些比赛激发了学生和家长积极参与活动的主动性，展现出了一幕幕“小手拉大手，共建和谐交通环境”的场景，为学生养成自觉遵守交通法规的习惯打下了坚实的基础。

【评价与反思】

1. 评价

（1）本次活动的设计与实施，得到了多个学科多名教师的大力支持。整合后的交通安全知识活动显得更有价值。活动中，学生围绕着交通法规与交通安全，在参与、体验、交流、合作、探究、练习、创新、游戏中，从多个学科全面了解了相关知识，懂得了遵守交通法规的重要性。

（2）本次活动，学生参与的主动性与积极性空前高涨，参与人数达到 100%。

（3）本次活动设计了“小手拉大手”的家校互动环节，宣传力度辐射到家庭和社会，有效促进了社会交通环境的和谐发展。

（4）最后的交通知识答题环节，帮助学生复习并巩固了已学的交通安全知识，为学生的安全出行提供了有利保障。

（5）本次活动形成了学科教学的合力，有效激发了学生的学习欲望，较好地达成了预期目标。

2. 反思

（1）在这次活动中我们获得了许多宝贵的经验。在此基础上我们应继续探索，进一步升华出系列课程，让更多学生获益。

（2）学生安全意识的养成应该成为学校教育的重要内容之一。如何培养学生的实际生活能力与实践能力，应该成为学校教育的一部分。例如，日本学生在小学阶段需要参与一些自救活动，掌握一些自救本领。我们也可以考虑在体育教学中增加一些相关内容，提高学生的自救能力，增强学生的安全意识。

（3）课程的价值在本次活动中得以充分体现，学生通过积极参与各种学习活动受益匪浅。但是本次活动对各年龄段学生整体交通安全知识掌握情况了解得不够深入，拓展活动设计得不够完整。下次再设计此类活动时，应该放手给予学生更多的拓展空间，激发学生的创新欲望，让学生真正成为学习的主人。

国防教育课程展师生风采

——记国防科技、体育系列活动

时值秋高气爽，我校体育教研组在清华大学国防生和武警某部战士的大力支持下，开展了系列国防教育课程。本课程实施的目标是丰富学生的国防知识，提高学生的身体素质，规范学生的队列动作，帮助学生形成良好的队列素养，培养学生的团队精神和纪律意识。本次国防教育课程紧紧围绕"服从、秩序、自律、勇气"来选择教学内容，引导学生主动参与，以使学生在刻苦磨砺中茁壮成长。

学生们训练队形

国防教育课程分为三个阶段，为时一周。第一阶段是国防知识普及与建队；第二阶段是队列素养培训；第三阶段是阅兵展示。

学生们训练齐步走

在第一阶段，教官通过深入浅出的系统讲授，向学生介绍了许多关于国防方面的知识，并通过师生共同参与活动，让学生在身临其境的情况下了解了国防的重要性，激发了学生的学习兴趣。随后，学生以班为单位，开始了队列练习。练习中，学生斗志昂扬，精神抖擞，尽全力去完成每一个动作，遵从了"服从命令、听从指挥"的军纪要求。学生在教官的指导下学习了军姿、稍息、立正、看齐、齐步走等队列动作。学生用自己的实际行动证明了自己可以做到“站如松、坐如钟”，并形成了不畏困难、勇往直前的意志品质，展现出清华少年的勇气与聪慧。比赛中，学生精诚合作，出色地完成了任务。团队中的每一名“小战士”都能够严格要求自己，主动贡献力量，努力成为团队中不可或缺的重要成员，展现出了自我管理、自我约束的意志和决心。嘹亮的歌声更是激发他们斗志的秘密武器。学生在教官和教师的带领下齐唱军歌，不仅唱出了清华少年的士气，还唱出了团队力量与团队精神。阅兵式的如期举行将整个国防教育课程推向了高潮。各阅兵方阵的“小战士”们在教师的带领下，英姿飒爽、步伐整齐、口号准确、声音洪亮。他们雄赳赳、气昂昂地走过主席台，完美展现了清华少年的良好风貌和严谨学风，赢得了热烈的掌声。

【评价与反思】

1. 评价

(1) 该课程丰富了学生的国防知识，培养了学生的爱国主义情怀。

(2) 该课程有效地培养了学生挑战自我、战胜自我的意志品质和决心，充分展现了我校学生良好的精神风貌。

(3) 该课程有效增强了学生的身体素质，促进了学生队列素养与能力的全面提升。

(4) 该课程增进了师生间、生生间的交流与合作，形成了和谐的师生关系。

(5) 该课程培养了学生的团队荣誉感与个人责任心，为学生集体主义精神的形成奠定了基础。

2. 反思

(1) 虽然该课程已经结束，轰轰烈烈的场面背后总是伴有一些思考。青少年儿童的国防教育课程应该如何定位？怎样实施青少年儿童国防教育课程才更加科学？

(2) 学生日常队形、队列源于军队，而其标准远低于军队中对队列的要求，且有些队列动作与军队中的队列动作存在着一些差异。以后开展此类课程时，教师应先与教官进行交流、沟通，让此类队列队形练习能够更好地为今后的体育教学服务。

(3) 该课程结束时，学生和教官们依依惜别的感人场景令在场的家长和教师深受感动。陪伴就会产生感情，这不仅是一次提升学生队列素养的课程，更是一次心与心相交融的情感课程。

第三章

课程实践促学生技能提升

水平一

活用器材，促学生技能提升

——“跳跃之立定跳远”教学设计

一、指导思想

本课依据2011版新课标的基本理念，坚持“健康第一”的指导思想，落实我校“十二五规划”办学行动纲领，努力构建“1+X课程”育人模式。本课教学以身体练习为主要手段，教学中充分利用了小组合作学习的课堂教学模式，让学生通过小组体验、交流、合作与探究等教学方式进行立定跳远动作的学习，让学生通过丰富多彩的学练手段，通过小组化学习主动探究、共同研讨，进而获得知识，提高自身跳跃能力，发展身体的协调性与灵活性，学习正确的立定跳远动作。

二、教材分析

立定跳远有较强的实用价值和锻炼价值。由于所教学生年龄较小，教师要充分考虑如何激发学生的学习兴趣，要通过引导与指导，让学生初步学会简单的跳跃方法，提高学生的跳跃能力，促进学生下肢肌肉、关节、韧带的发展，增强学生的弹跳能力以及灵敏、协调能力等身体素质，培养学生刻苦锻炼、认真学习、相互帮助的优良品质。

本课在初步教学时，重点在于让学生体会立定跳远的发力方法，知道双脚前脚掌蹬地发力的重要性，做出连贯、协调的立定跳远动作，并能够较好地掌握轻巧落地（屈膝缓冲，脚后跟先落地且迅速过渡到全脚掌）的动作方法。

三、学情分析

本课的授课对象为一年级学生。一年级学生性格活泼、开朗，对事物与活动都能产生较强的好奇心，并愿意主动参与各种体育活动，在活动中会表现出较高的积极性和主动性，但他们在活动中的自我约束力还略显不足，需要教师给予适当的点拨和提示。一年级学生正处于幼小衔接阶段，肌肉和骨骼都处于发育期，柔韧性较好、力量明显不足。教学中教师要从一年级学生身心发展状况出发，充分利用学生好奇心强与兴趣广泛的特点，努力创设丰富多彩、逼真的游戏情境，让学生在形式多样的情境中进行学练，这样不仅能够有效激发和调动学生的学练热情，而且能让学生在兴趣被激发的同时，实现从体验到学习到练习最后到初步学会的目标，达到较好的学习效果。

本班学生在这方面没有进行过系统学习，只在幼儿园阶段进行过简单的练习，也没有跳跃动作相关的学习经验。为了降低学习难度，教师需要对教材进行大胆处理，结合学生的身心发展，由浅入深，循序渐进，并利用辅助器材增加学生的学习兴趣，使教学更加符合一年级学生的学习特点，让一年级学生学得轻松、学得快乐。

四、教学目标

（1）80%以上的学生能够知道立定跳远“蹬地有力”的动作要领，懂得爱护自己的身体的相关知识，明确安全从事体育活动的重要性。

（2）80%左右的学生能够做出“两脚左右开立与肩同宽，前脚掌蹬地有力”的立定跳远动作，提高跳跃能力，发展灵敏、协调的素质。

（3）体验小组化学习带来的快乐，培养勇敢顽强的体育精神与遇事沉着冷静的心理素质。

五、教学重难点

（1）教学重点：两脚左右开立与肩同宽。

（2）教学难点：前脚掌同时用力蹬地起跳。

六、学习效果评价

自我学习效果评价：自主参与立定跳远的学习，能给予同伴正确的帮助与评价。

学生学习效果互评：通过体验、练习、游戏、比赛等活动，组织学生对彼此之间的互助合作、鼓励与支持等方面进行评价，树立学生学习的自信心，促使他们帮助同伴从不同程度上得到提升。

教师对学生学习效果的评价：教师在教学的过程中，以表扬和鼓励为主，帮助学生树立信心，达成本课教学目标。

评价标准如下表所示：

优　秀	良　好	继续努力
能够做出“两脚左右开立与肩同宽，前脚掌同时用力蹬地起跳”的立定跳远动作	能够较好地做出“两脚左右开立与肩同宽，前脚掌同时蹬地起跳”的立定跳远动作	能够基本做出“两脚左右开立与肩同宽”的动作

七、易犯错误及纠正方法

（一）并脚起跳

纠正方法：

（1）同伴提示“两脚左右开立与肩同宽”的站立方法。

（2）保持“两脚左右开立与肩同宽”后，完成2～3次向上跳的练习。

（3）预备口令时让学生利用自我检查的方式，检查自己的站立动作。

（二）全脚掌蹬地起跳

纠正方法：

（1）知道前脚掌蹬地起跳的重要性。

（2）反复体会提踵动作的感受，寻找前脚掌支撑的平衡感。

（3）练习向上纵跳，体验前脚掌蹬地起跳。

（三）两脚依次蹬地起跳

纠正方法：

（1）明确两脚同时蹬地起跳的优势。

（2）反复进行向上纵跳练习，重点感受两脚同时蹬地的发力动作。

（3）两人一组互助练习，边练习边提示同伴双脚同时蹬地起跳。

(四) 起跳时双脚垫跳起跳

纠正方法：

(1) 知道前脚掌蹬地起跳的重要性。

(2) 反复体验前脚掌着地的预备动作。

(3) 减少过多的预摆动作，加强动作的连贯性。

八、安全措施

(1) 课前检查场地，清理场地上的危险物品。

(2) 课上检查学生的服装、运动鞋，安排见习生。

(3) 做好准备活动，充分活动关节、肌肉、韧带，避免意外伤害事故的发生。

(4) 教学时加大巡视指导及调控力度，做到组织严密。

(5) 练习时观察学生表情，及时调整学生的运动量，避免学生体力透支。

(6) 注重因材施教，合理安排运动量。

(7) 注意调整训练力度，帮助学生身心逐渐恢复到正常水平，为接下来其他课程的进行打下基础。

九、教学设计特点

针对本课教学难点“前脚掌同时用力蹬地起跳”，教师巧用了小垫子这项器材，并不断改变小垫子的放置方法增加练习难度，目的是利用条件限制法，隐性地提示学生要跳过横放的小垫子，从而不断增加练习难度，提升学生的蹬地力量，突破前脚掌同时用力蹬地起跳的难点，提高学生的学习兴趣，达到较好的学练效果。

附："跳跃之立定跳远"教案

授课年级：一年级

<table>
<tr><td>教学内容</td><td colspan="5">1. 跳跃：立定跳远
2. 游戏：踏石过河</td></tr>
<tr><td>教学目标</td><td colspan="5">1. 80％以上的学生能够知道立定跳远"蹬地有力"的动作要领，懂得爱护自己的身体的相关知识，明确安全从事体育活动的重要性
2. 80％左右的学生能够做出"两脚左右开立与肩同宽，前脚掌蹬地有力"的立定跳远动作，提高跳跃能力，提高灵敏、协调的水平
3. 体验小组化学习带来的快乐，培养勇敢顽强的体育精神与遇事沉着冷静的心理素质</td></tr>
<tr><td>教学过程</td><td>教学内容</td><td>次数(次)</td><td>时间(分)</td><td>组织教法及要求</td><td>教学情境</td></tr>
<tr><td>开始部分</td><td>课堂常规
1. 集合整队
2. 师生问好
3. 宣布内容
4. 队列练习
原地转法</td><td>1</td><td>2至3</td><td>组织队形：四列横队

1. 观察学生集合情况
2. 宣布教学内容
3. 进行本课学习的情境导入
4. 集体进行队列练习，集中学生的注意力，使学生养成良好的队列素养
(要求：方向正确，动作整齐)</td><td>创设师生共同到大草坪上玩耍的教学情境</td></tr>
</table>

（续表）

准备部分	慢跑活动 1.《找朋友》 2. 专项活动 ① 肩绕环 ② 腰绕环 ③ 膝绕环 ④ 踝腕绕环	4×8拍	6至7	组织队形：四列横队 1. 教法 1. 引导学生明确爱护自己的身体的重要性 2. 师生共同领操，激发学生学习的积极性，并指导学生的动作 （要求：动作到位，充分活动） 2. 学法 （1）观察并模仿教师及同伴的动作 （2）敢于在音乐的伴奏下主动展示自己的动作	创设师生共同到大草坪上游戏的教学情境
基本部分	一、立定跳远 1. 方法 两脚分开站得稳，两臂上摆腿屈伸。迅速后摆前摆跳，脚跟落地屈膝停  图 1 2. 教学重点 两脚左右开立与肩同宽 3. 教学难点 前脚掌同时用力蹬地起跳	3 1 6至8 1	7至9	组织队形  图 2 （注：▭ 代表小垫子） （一）小蟋蟀学本领 1. 教法 （1）教师引导学生体验用各种方法跳过小垫子 （2）教师引导学生学习立定跳远的动作，掌握学习重点 （3）教师引导学生进行练习，并提出练习要求 （4）教师引导学生进行动作示范，其他学生观看并给予评价，并再次练习 （要求：前脚掌同时用力蹬地起跳，不能踩到小垫子）	创设小蟋蟀学本领的情境

（续表）

基本部分		3 至 4 4 至 6 4 至 6 3 至 5	7 至 9	2. 学法 (1) 学生自主进行体验式练习，感悟方法 (2) 学生在教师的引导下通过体验了解动作方法，知道动作要领，掌握学习重点 (3) 学生主动进行立定跳远的练习 (4) 学生观看示范，学习优点并给予评价，并再次练习 （二）小蟋蟀跳过小土坡 1. 教法 组织队形  图 3  图 4  图 5 (1) 教师引导学生将小垫子折叠起来，增加练习难度，提高用力蹬地的力量（如图 3） (2) 教师引导学生 2 人结组，将两人的垫子组合，再增加练习，提高学练难度，增强前脚掌同时用力蹬地起跳的力量（如图 4） (3) 教师引导学生 2 人一组进行跳过小土坡的比赛	创设小蟋蟀跳过小土坡的情境

（续表）

基本部分		3至5		(4) 教师引导学生将小土坡重新设计成“大草坪”，启发学生再次挑战（如图4） 2. 学法 (1) 学生将小垫子折叠起来增加高度，提高前脚掌同时用力蹬地的力量，感悟立定起跳的动作（如图3） (2) 学生2人一组，利用组合的小垫子进行练习，再次提高练习难度，突破本课学习的难点（如图4） (3) 学生通过立定跳远比赛，达到以赛带练的学习效果，激发学习兴趣，达成本课学习目标（如图4） (4) 学生挑战“大草坪”，增加练习难度，努力跳过“大草坪”，提升学生的参与意识，克服运动疲劳带来的影响，调动学生的运动潜能，突破学习难点（注意练习安全）（如图5）	
	二、游戏：踏石过河 方法2：比赛开始后，每队的第一组学生，利用三块小垫子通过传垫子的方式向前行进至同队的第二组，然后第二组学生再以同样的方式进行，先完成比赛且没有“落水”的队获胜	3	7至9	1. 教法 (1) 教师引导学生利用所学知识解决生活中遇到的困难 (2) 教师提出要求，并组织比赛，比一比哪组能在最短的时间内安全通过“大河” 2. 学法 (1) 学生在教师的启发下，明白如何使用小垫子安全通过“大河” (2) 学生知道游戏方法和规则，养成良好的游戏习惯，通过组员的共同参与，共获成功 3. 规则 (1) 身体的任何部位都不能“落水”（接触地面） (2) 小垫子在传接时不能打开使用	创设遇到一条“大河”挡住去路的情境

（续表）

<table>
<tr><td>结束部分</td><td>1. 放松舞蹈：幸福拍手歌
2. 本课小结
3. 收放器材</td><td>1</td><td>3</td><td>组织队形：四列横队
1. 教法
（1）教师组织学生站好体操队形
（2）教师引导学生进行舞蹈放松，并提示动作
2. 学法
（1）学生快速找到自己的位置，站好体操队形
（2）学生在教师的引导下做出优美的舞蹈动作，充分放松身心</td><td>创设“师生共同沐浴阳光，享受幸福快乐时光”的情境</td></tr>
<tr><td>安全措施</td><td colspan="5">1. 课前检查场地和器材
2. 多次提示安全
3. 及时制止学生在运动中的危险动作</td></tr>
<tr><td rowspan="2">场地器材</td><td rowspan="2">1. 小体操垫：37块
2. 录音机：1台</td><td colspan="2">预计运动负荷</td><td colspan="2">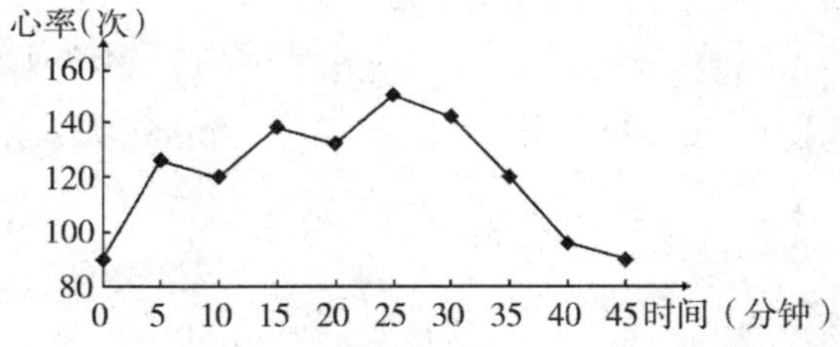
</td></tr>
<tr><td colspan="2">预计练习密度</td><td>32%～35%</td><td>平均心率
120～135次/分</td></tr>
<tr><td>课后小结</td><td colspan="5"></td></tr>
</table>

激情导趣，促学生运动能力发展

——“跳跃之单、双足向不同方向跳”教学设计

一、指导思想

本课教学根据2011版新课标的基本理念，树立了“健康第一”的指导思想，尊重教育、体育的规律和学生身心发展的特点，旨在促进学生生动活泼、积极主动的发展。教师在教学中通过创设多种游戏活动激发学生的学习兴趣，调动学生的参与意识，以学生发展为中心，重视学生的主体地位，关注个体差异与不同需求，从体验、感悟、思考、学练、创新等角度出发进行本课教学，重在培养学生的合作精神与创新意识，使学生树立终身体育意识。

二、教材分析

本课教学内容深受低年级学生喜爱，它不仅能够发展学生的跳跃能力、协调性、灵活性，提高学生的基本活动能力，而且能培养学生的跳跃兴趣和位置感，培养学生勇敢、果断的意志品质。教师通过本项内容的教学要让学生明确前脚掌蹬地起跳的动作方法，让学生在学会单、双足向上跳的基础上不断改变跳跃方向，并逐步过渡到移动连续跳，提高跳跃能力，感受两腿尽量蹬直的动作，同时懂得上下肢协调配合的重要意义，从而初步学会单、双足向不同方向跳的动作方法。教师应引导学生进行多种创新练习，让学生学有所乐、学有所想、学有所获。

从技术动作的难度上分析，本课学习重点在于学会“前脚掌蹬地跳起，轻巧落地”的动作方法。在学生练习时应避免学生因鲁莽行事发生危险，保证学生的学练安全。

三、学情分析

一年级的学生刚刚走入校门，各种常规习惯还正在养成，教师需要给予正确的引导和教育，营造较为和谐的课堂氛围，促进学生学习效果的提升。一年级学生正处于身体发展的关键时期，身体柔韧性较好，力量明显不足，需要教师在教学中加以重视和培养。本班学生性格活泼开朗，且对各种体育活动充满好奇心，在学习过程中有较强的参与欲和表现欲。但由于一年级学生身体协调性不足，在本项技能的学习上可能会存在一定的困难，因此教师在教、学、练过程中一定要注意对学生协调性的培养。

学生在学习该项内容时可能会遇到的问题，包括全脚掌起跳和轻巧落地不足等。

教师可通过让学生反复体会前脚掌蹬地起跳的动作加以纠正，或让学生用前脚掌踩标志点进行跳跃练习。此外，对于学生不能轻巧落地的问题，教师可以让学生通过同伴提示和反复体会向上跳后落地时屈膝缓冲的动作的方法来解决。

2011 版新课标在运动技能方面明确指出学生应在体育游戏活动中完成多种形式的走、跑、跳、投等动作，培养自身坚强的意志品质。本课采用了讲解示范法、游戏法、比赛法等教学方式进行教学。

（1）利用多种游戏和比赛进行教学，突破教学的重点、难点以达到较好的教学效果。

（2）逐渐增加练习难度，让学生从体验学习入手逐步掌握单、双足向不同方向跳的重难点。

（3）利用标志点纠正学生全脚掌蹬地跳起的错误动作。

（4）注重个体差异与不同需求，加强个别辅导。

四、教学目标

（1）通过本次课的学习了解单、双足向不同方向跳的动作要领，明确安全练习的重要性。

（2）能够初步学会单、双足向不同方向跳前脚掌蹬地跳起的动作方法，提高身体的协调性与灵活性，发展下肢力量，提高跳跃能力。

（3）体验参与学习和游戏带来的乐趣和成功感，培养勇敢顽强的体育精神和团结互助的优良品质。

五、教学重难点

（1）教学重点：前脚掌蹬地跳起。

（2）教学难点：不同方向跳起、落地时保持身体平衡。

六、单元计划

教学内容	跳跃：单、双足向不同方向跳	授课年级	一年级
教学目标	（1）能够知道单、双足向不同方向跳的动作要领，明确安全练习的重要性 （2）初步学会单、双足向不同方向跳前脚掌蹬地跳起的动作方法，提高身体的协调性与灵活性，发展下肢力量，提高跳跃能力 （3）体验参与学习带来的乐趣和成功感，培养勇敢顽强的体育精神和团结互助的优良品质		
课时	教学任务	教学重难点	主要教法措施
1	单、双脚前脚掌蹬地跳起	教学重点：前脚掌蹬地跳起 教学难点：不同方向跳起、落地时保持身体平衡	（1）引导学生进行“红绿灯”游戏 （2）示范讲解单、双足向不同方向跳的动作方法，提示动作要点和重难点 （3）引导学生进行单、双足向不同方向跳的练习，感悟前脚掌跳起动作 （4）引导学生进行踏石过河的游戏 （5）引导学生进行动作展示 （6）引导学生进行单、双脚跳的拍人游戏 （7）师生小结

（续表）

课时	教学任务	教学重难点	主要教法措施
2	上下肢协调配合、轻巧落地	教学重点：动作灵敏、协调 教学难点：轻巧落地	（1）引导学生进行跳进跳出游戏 （2）引导学生听音乐进行单、双足向不同方向跳的练习 （3）引导学生进行动作展示 （4）引导学生进行兔子跳的游戏 （5）引导学生进行“双脚十字跳”比赛 （6）引导学生进行集体跳游戏 （7）师生小结

七、学习效果评价

自我学习效果评价：在身体条件允许的情况下主动参与单、双足向不同方向跳的学习，积极参与，及时调整自己的运动状态，主动指导同伴的动作。

学生学习效果互评：让学生通过练习、游戏、比赛等活动，对彼此之间的互助合作、鼓励与支持等方面进行评价，树立学生的自信心，帮助他们得到不同程度的提升。

教师对学生学习效果评价：教师在教学过程中应以表扬和鼓励为主，帮助学生树立信心并完成本课教学目标，达到较好的教学效果。

技能评价标准如下表所示：

等级 练习内容	优秀	良好	需努力
单、双足向不同方向跳	前脚掌蹬地跳起，动作连贯、轻松、协调，平衡感好	前脚掌蹬地跳起，动作较连贯、协调，平衡感较好	前脚掌蹬地跳起，动作较协调

八、安全措施

（1）场地布置安全合理，教师参与游戏并全面观察，及时控制场面，并多次提示学生注意安全。

（2）加强学生对自我及同伴的安全意识，提高学生的自我保护意识。

（3）对偶发事件，教师要做到及时、准确、冷静处理。

九、教学设计特点

1. 由易到难地进行教学，达成本课的教学目标

本课教学中，教师通过对教材的深入挖掘，对教学内容进行了系统的分析和处理。教师由浅入深制订教学设计，让学生通过游戏体验、通过学练掌握、通过比赛提高、通过游戏巩固，突破本课的教学重难点，达成本课的教学目标。

2. 巧用游戏提高学生的学习效果

教师在教学中通过多种游戏进行教学，旨在提高学生的学习兴趣，发展学生的跳跃能力，并在游戏中潜移默化地培养学生单、双足向不同方向跳的能力，为学生掌握该动作提供保障。

附："跳跃之单、双足向不同方向跳"教案

授课年级：一年级

教材内容	1. 跳跃：单、双足向不同方向跳 2. 游戏：抛接沙包			
教学目标	1. 通过本次课的学习，了解单、双足向不同方向跳的动作要领，明确安全练习的重要性 2. 80%以上的学生能够初步学会单、双足向不同方向跳前脚掌蹬地跳起的动作方法，提高身体的协调性与灵活性，发展下肢力量，提高跳跃能力 3. 体验参与学习和游戏带来的乐趣和成功感，培养勇敢顽强的体育精神和团结互助的优良品质			
教学过程	教学内容	次数（次）	时间（分钟）	组织教法及要求
开始部分	一、课堂常规 1. 师生相互问好 2. 宣布教学内容 3. 检查服装，安排见习生			组织队形： ××××××× ××××××× ○○○○○○○ ○○○○○○○ ▲

（续表）

开始部分		1	1	介绍本课教学内容，鼓励学生达成目标
	二、队列队形练习 1. 原地转法 2. 原地踏步走——立定	1	1	学生根据教师口令进行队列练习 （要求：方向正确、动作整齐）
准备部分	一、模仿操 1. 游泳动作 2. 打羽毛球动作 3. 赛艇动作 4. 举重动作 5. 篮球动作	4×8 拍	2	组织队形 教师引导学生模仿各种动作 （要求：动作形象、准确到位）
	二、专项准备活动 1. 肩绕环 2. 腰绕环 3. 膝绕环 4. 踝腕绕环	2×8 拍	2	教师带领学生做专项准备活动（要求：动作用力、到位）
	三、诱导练习 单摇跳绳（双、单足） （复习双、单足前脚掌蹬地起跳动作）	20	2	教师引导学生进行跳绳练习（复习并感悟双、单足前脚掌蹬地起跳动作） 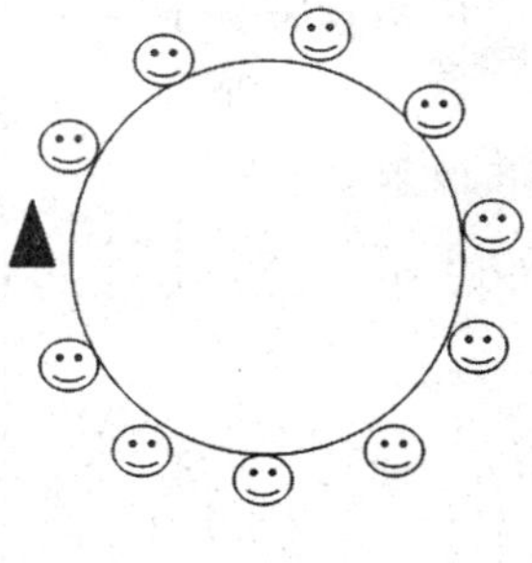

（续表）

基本部分	一、跳跃单、双足向不同方向跳 1. 动作方法 单足向不同方向跳是一腿屈膝提起，另一腿以前脚掌着地向不同方向跳；双足向不同方向跳是双脚并拢（或稍分开），以前脚掌着地向不同方向跳，同时，两臂配合，协调摆动 2. 教学重点 前脚掌蹬地跳起 3. 教学难点 向不同方向跳起、落地时保持身体平衡	2 2 3至4 2至3 2 2至3 1	17至18	组织队形  (1) 教师引导学生进行“红绿灯”游戏 (学生体验：单、双足向不同方向跳的动作方法) (2) 教师示范讲解单、双足向不同方向跳的动作方法，提示动作要点和重难点 (学生知道动作要领和本课学习的重难点) (3) 教师引导学生进行单、双足向不同方向跳的练习，感悟前脚掌跳起动作 (学生通过练习单、双足向不同方向跳的动作，感悟前脚掌蹬地跳起的动作) (4) 教师引导学生进行踏石过河的游戏 (学生通过参与游戏，体会单、双足向不同方向跳的动作感觉) (5) 教师引导学生进行动作展示 (学生通过观察同伴动作，再次建立正确的动作概念，提高单、双足向不同方向跳的动作技能) (6) 教师引导学生进行单、双足跳的拍人游戏 (学生通过参与游戏，复习巩固单、双足向不同方向跳的动作技能) (7) 师生小结

（续表）

基本部分	二、游戏抛接沙包 每位学生一个沙包。游戏开始，教师发出抛接沙包的个数口令后学生进行游戏，最后抛接沙包个数最多的学生获胜	5	6至7	组织队形 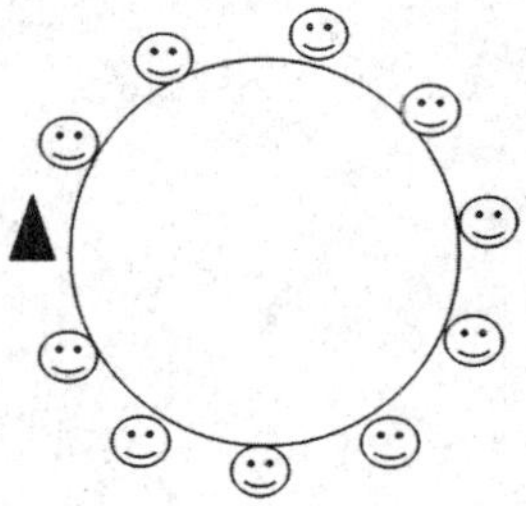 1. 教法 （1）教师示范、讲解游戏方法和规则 （2）教师组织学生进行小组接力比赛 （3）教师小结 （要求：遵守规则，注意安全） 2. 游戏规则 （1）不能妨碍他人进行游戏 （2）成绩统计时诚实守信
结束部分	1. 放松活动：心中有他人 2. 本课小结 3. 宣布下课，师生互道再见，组织学生收拾器材	1	1 1	组织队形 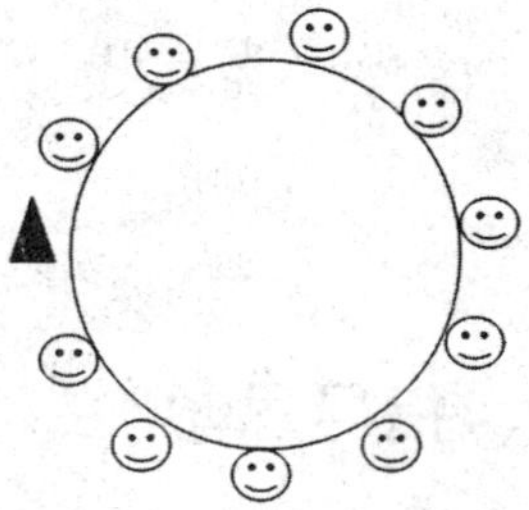 1. 学生听音乐跟随教师做放松练习 2. 学生说本课的收获和体会 （要求：动作优美，身心放松）

（续表）

场地器材	1. 沙包 40 个 2. 眼罩 1 个	预计运动负荷	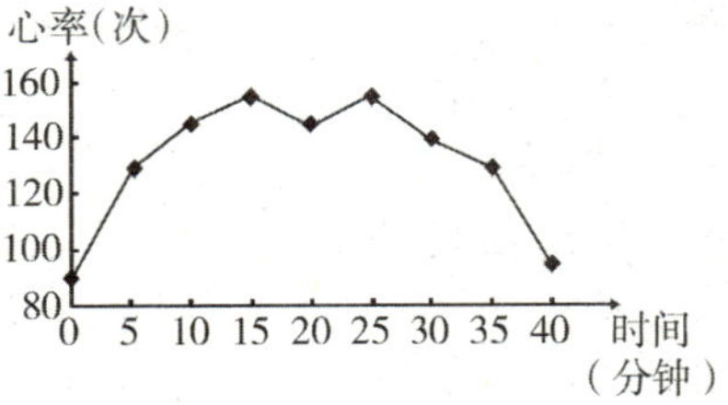	预计练习密度 25%至35% 平均心率（次/分） 120 至 130（次/分）
课后小结				

技术主线，提升学生平衡能力

——“体操之在体操凳上前进、后退、对行换位”教学设计

一、指导思想

本课教学根据 2011 版新课标的基本理念，树立了“健康第一”的指导思想。教学中通过多种活动内容的设计，引导学生积极主动地进行学习，提高学生的平衡感与保持平衡的技术动作水平。教学中通过创设多种情境激发学生的学习兴趣，调动学生的参与意识，让学生在游戏活动中逐步学会保持平衡的动作方法，较好地培养了学生的合作精神与创新意识。

二、教材分析

本课教学内容深受低年级学生的喜爱，它不仅能够发展学生灵巧、协

调等身体素质和基本活动能力，而且能培养学生的平衡感和空间感，以及勇敢精神。在学习本课内容时学生要在较小的支撑面上完成前进、后退、转身、对行换位等动作，这对于低年级学生而言不仅是一次学习兴趣的激发，更是一次挑战。要在高度为 20cm、宽度为 20cm 的体操凳上完成各种动作，对一年级学生而言有一定难度，教师在教学中一定要加强保护与帮助，保证学生学练安全，并逐步引导学生从保护与帮助到脱保再到独立完成，初步学会在体操凳上前进、后退、对行换位的动作方法，同时引导学生进行创新，让学生学有所获、学有所想、学有所乐。

重点在于在体操凳上前进、后退、对行换位和动作创新时要保持身体平衡，后退时要控制速度且保持低头看脚的后方。对行换位时要注意两位同学首先要先站稳，然后再进行换位，换位时两人要默契配合，先保持身体平衡再安全通过。对于在体操凳上学生的动作创新，教师要适时适度地给予正确的引导，避免学生鲁莽行事、发生危险。

三、学情分析

本课的授课对象为一年级学生，一年级学生年龄较小，自我约束力还略显不足，需要教师给予正确引导。

对于本课教学内容，学生此前从未接触过，更没有相关学习经验。教师为了降低学习难度对教材进行了大胆的处理，使本课学习难度由浅入深，也使得教学能够适用于一年级学生的学习需要。

四、教学设计特点

本课情境设计主线是，春天到了，师生共同到拓展训练营进行拓展训练，利用多种情境的创设让学生在挑战面前集体迎战，通过共同努力，提高在平地保持平衡的能力；随后设计在一定高度的独木桥上保持平衡的练习，提升学生在体操凳上保持平衡的能力；之后通过学滑滑板车的设计，培养学生在移动中保持平衡的能力，增强学生在快速运动中保持平衡的能力。同时在本课学习中，教师也注重培养学生保护与帮助同伴的责任意识，让他们学会团结向上、共同努力，去体验挑战成功的喜悦。

在开始部分，教师创设师生集体徒步到拓展训练营的情境，通过此情境的创设，激发学生的参与热情，帮助学生形成良好的队列素养，培养学生良好的身体姿态，吸引学生注意力，为本课学习打好基础。

在准备部分，教师创设师生在健身广场上健身的情境，教师利用启发性语言调动全体学生的参与热情，在《小燕子》《春天在哪里》等音乐的伴奏下进行韵律活动，调整学生的学习状态，培养学生的韵律感，陶冶学生美的情操，并达到帮助学生充分热身的效果，使其为接下来的学习做好身心准备。

在基本部分，教师创设多个教学情境，旨在让学生通过不同的情境，饶有兴趣且由浅入深地进行体验和学练，较好地达成本课的教学目标。

首先，教师创设在拓展训练营里集体挑战窄路的情境。该情境的创设旨在让学生通过在难度较低的窄路上进行前进、后退的练习，初步体验前进与后退的动作方法。教师通过及时启发、引导，让学生进行前进与后退的动作创新，充分发展学生的想象力，培养其创新精神，提高其平衡能力。

其次，教师创设在拓展训练营里集体挑战独木桥的情境。该情境的创设不仅提高了学生的学练难度，还为学生间的合作提供了广阔的空间。让学生在同伴的保护与帮助下，在独木桥上体验前进、后退的动作，并引导学生开动脑筋创造性地解决两人桥上相遇的问题。随后让学生集体动手创造性地把独木桥搭建成立交桥，增加了学练难度，这有利于提高学生的平衡能力。

再次，教师创设在拓展训练营里集体面对泥泞路的情境。该情境的创设旨在让学生通过共同努力，实现全组同学既快速又安全地通过这段泥泞路，达成集体共同获得成功的目标，培养学生在位移中保持平衡的能力。

最后，教师创设在拓展训练营里集体挑战极速快车的情境。先让学生在相互保护与帮助下，初步体验滑板车的直线滑行，从而感悟在快速运动中如何保持平衡的动作方法，形成生生间的交互学习，让学生感受速度带来的快乐与激情。然后，通过小小邮递员的游戏，增加学生滑行的难度，提高学生在运动中保持平衡的能力，同时培养学生主动为社会服务的意识和责任感。

在结束部分，教师创设在湖中划船欣赏风景的情境，目的是让学生在优美的音乐中翩翩起舞放松身心，陶冶美的情操，使课堂气氛变得更加融洽、和谐。

附："体操之在体操凳上前进、后退、对行换位"教案

授课年级：一年级

<table>
<tr><td>教材内容</td><td colspan="5">1. 体操凳：前进、后退、对行换位
2. 游戏：急速快车</td></tr>
<tr><td>教学目标</td><td colspan="5">1. 能够知道在体操凳和滑板车上保持平衡的动作方法，明确安全练习的重要性
2. 能够初步学会在体操凳上前进、后退、对行换位的动作方法，提高身体的灵活性与协调性，发展平衡能力与空间速度感
3. 体验参与体育活动带来的乐趣，培养创新意识和协作精神</td></tr>
<tr><td>教学过程</td><td>教学内容</td><td>次数(次)</td><td>时间(分)</td><td>组织教法及要求</td><td>教学情境</td></tr>
<tr><td>开始部分</td><td>课堂常规
1. 集合整队
2. 师生问好
3. 宣布内容
4. 队列练习走成圆形队</td><td>1</td><td>2至3</td><td>组织队形：四列横队
☺ ☺ ☺ ☺ ☺
☺ ☺ ☺ ☺ ☺
☺ ☺ ☺ ☺ ☺
☺ ☺ ☺ ☺ ☺
1. 观察学生集合情况
2. 宣布教学内容
3. 进行本课学习的情境导入
4. 集体进行队列练习，让学生集中注意力，培养学生良好的队列素养
（要求：摆臂有力，队形整齐）</td><td>创设师生共同徒步到拓展训练营的教学情境</td></tr>
</table>

（续表）

准备部分	一、韵律舞蹈 （1）小燕子 （2）“嘀哩嘀哩” 二、专项活动 （1）肩绕环 （2）腰绕环 （3）膝绕环 （4）踝腕绕环	4×8拍	6至7	组织队形：圆形队 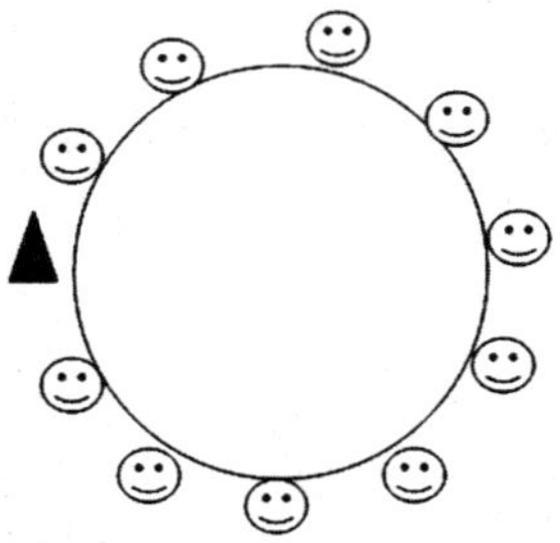 1. 教法 （1）引导学生做准备活动，明确准备活动的重要性 （2）师生共同领操，激发学生学习的积极性，并指导学生动作 （要求：动作到位，有节奏感） 2. 学法 （1）观察并模仿教师及同伴的动作 （2）敢于在音乐的伴奏下主动展示动作	创设师生共同到健身广场上做健身的教学情境
基本部分	一、体操凳上前进、后退、对行换位 （一）窄路上行走			（一）集体挑战在平地的窄路上行走 组织队形 	创设在拓展训练营里集体挑战窄路的情境

（续表）

基本部分	1. 方法 在体操凳一端站立，前进时眼看前下方，两手侧平举保持身体平衡，两脚轮换前进，用全脚掌或前脚掌着凳。后退时低头看脚的后方与向前进的动作相反  2. 教学重点 保持身体平衡 3. 教学难点 控制行进速度	3 3 2	4 至 5	1. 教法 （1）教师引导学生体验在平地的直线上进行前进和后退走 （2）教师引导学生逐步总结出保持身体平衡的方法 （3）教师启发学生自己创新出新的行走动作 2. 学法 （1）学生自主进行体验练习，感悟方法 （2）学生在教师的引导下，通过体验总结出在平地的窄路上前进、后退时，保持身体平衡的动作方法 （3）学生开动脑筋、大胆创新，努力创新出新的行进动作	
	（二）“独木桥”上行走 1. 方法 两人面对面站立，互拉对方双手，身体贴近，保持平衡，换位时两手先移动	3		（二）集体挑战在“独木桥”上行走 组织队形  1. 教法 （1）教师引导 2～3 名同学结组，在保护与帮助下在“独木桥”上进行前进、后退的练习	创设在拓展营训练中集体挑战“独木桥”的情境

（续表）

基本部分	再移动右（左）腿，待身体重心移过对方后放开对方的手，使身体移过对方，左（右）腿换位，两人换位后要保持好平衡，然后各自继续前进  2. 教学重点 保持身体平衡 3. 教学难点 换位时两人默契配合	2 3 3 1 3	7至9	（2）教师引导学生在保证安全的前提下采用多种方法通过独木桥 （3）教师引出问题："如果两人在桥上相遇了怎么办" （4）教师引导学生在"独木桥"上进行对行换位的练习 （5）教师组织学生创造性地把"独木桥"搭建成"立交桥" （6）教师引导学生在"立交桥"上进行对行换位的练习 2. 学法 （1）学生2～3人一组，在保护下体验在体操凳上前进、后退的动作，从而建立学习信心、克服恐惧心理，体验其与在平地的窄路上行走的异同点 （2）学生在"独木桥"上，互助进行创新性行走体验，感受创新动作带来的成功喜悦 （3）学生开动脑筋，共同探究大胆尝试，共获小组合作学习的成果 （4）学生分组在"独木桥"上进行对行换位的练习，重点体会换位时，保持平衡、身体贴紧的动作方法 （5）学生与教师齐动手、共同努力，把"独木桥"搭建成"立交桥"，从而培养动手能力与创造力 （6）学生分组在"立交桥"上自由练习对行换位动作，增加对行换位练习的难度，复习巩固本项技术动作	

（续表）

基本部分	（三）通过泥泞		6至7	（三）利用拼图板安全通过一段泥泞的路 1. 教法 （1）教师引导学生利用所学知识解决生活中遇到的困难 （2）教师提出要求，并组织比赛，比一比哪组能在最短的时间内安全通过 2. 学法 （1）学生经过教师启发，掌握保持平衡的方法，通过这段泥泞路 （2）学生明确比赛规则，通过小组共同努力，共获成功	创设在拓展训练营中集体面对泥泞路的情境
	二、游戏：急速快车		5至6	（组织队形：循环队形） 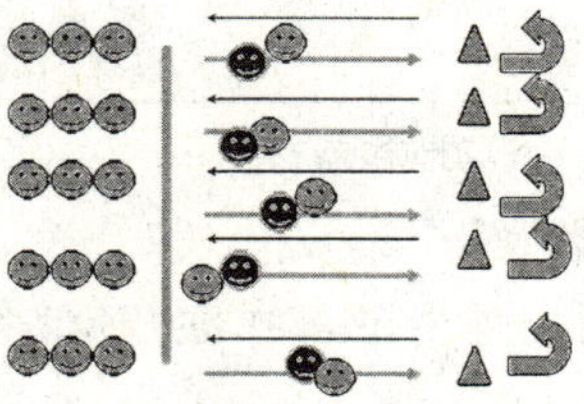 1. 教法 （1）教师引导学生 2～3 人结组，在保护与帮助下进行滑板车滑行游戏 （2）教师组织学生进行小小邮递员的游戏，并提示学生注意安全 2. 学法 （1）学生自主选择伙伴，进行滑板车滑行的学习，知道如何控制滑行方向和速度，保证滑行安全 （2）学生填写环保宣传卡后，滑着滑板车将环保宣传卡送到各家各户，宣传环保知识并在滑行过程中遵守交通规则，注意滑行安全	（1）创设在拓展训练营集体挑战极速快车的情境 （2）创设邮递员送信的情境

（续表）

<table>
<tr>
<td>结束部分</td>
<td>1. 放松舞蹈：《让我们荡起双桨》
2. 本课小结
3. 收器材
4. 师生互道再见</td>
<td>1</td>
<td>3</td>
<td>组织队形

1. 教法
（1）教师组织学生站好圆形队
（2）教师引导学生进行舞蹈放松，并提示动作
2. 学法
（1）学生快速找到自己的位置，站好圆形队
（2）学生在教师的引导下做出优美的舞蹈动作，充分放松身心</td>
<td>创设在湖中划船欣赏风景的教学情境</td>
</tr>
<tr>
<td>安全措施</td>
<td colspan="5">1. 课前检查场地和器材
2. 多次提示安全
3. 及时制止学生在运动中的危险动作</td>
</tr>
<tr>
<td rowspan="2">场地器材</td>
<td rowspan="2">体操凳：4 条
体操垫：5 块
滑板车：13 辆
录音机：1 台
拼图板：若干</td>
<td>预计运动负荷</td>
<td colspan="3">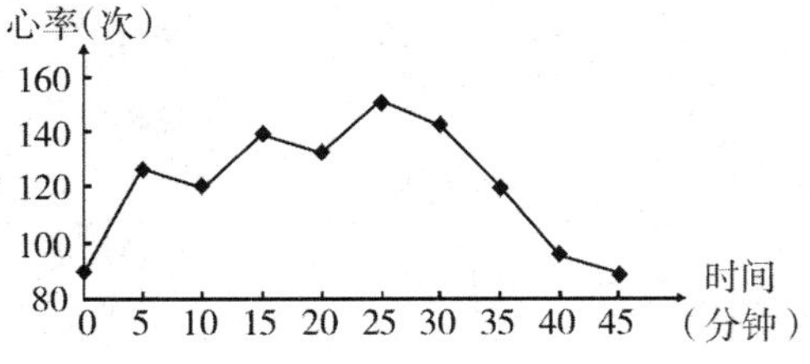
</td>
</tr>
<tr>
<td>预计练习密度</td>
<td>32%～35%</td>
<td>平均心率</td>
<td>120～130 次/分</td>
</tr>
<tr>
<td>课后小结</td>
<td colspan="5"></td>
</tr>
</table>

游戏活动，提升学生空间感与协调性发展

——“技巧之前滚翻”教学设计

一、指导思想

本课教学依据2011版新课标的基本理念，坚持“健康第一”的指导思想，落实我校“十二五规划”办学行动纲领，对课程资源加以整合，在教学中关注学情，贯彻落实“学生站立在学校正中央”的教学思想，主张教师的教要紧紧围绕着学生的学，依据学情系统科学地教，在教学中渗透体育知识与技能，引导学生学习、掌握与运用体操项目中垫上技巧之前滚翻的技术动作，使学生具备良好的交往能力与合作精神，在班级中形成互助学习的氛围。

教学中教师以学生的自主发展为中心，引导学生通过模学、研学、学练等学习方式逐步学习知识和掌握前滚翻的技术动作。教师利用引导、体验、游戏、展示、评价等教学手段，由浅入深、循序渐进地进行前滚翻技术动作的传授，不断激发学生的学习兴趣，让学生在宽松愉悦的教学氛围中快乐学习、健康成长。

二、教材分析

前滚翻是技巧的基本动作之一，同时前滚翻也是一种自我保护的方法，其动作要求头、颈、肩、背、腰、臀等身体部位依次着垫，通过本课的学习学生应能够快速、顺畅、连贯地完成前滚翻动作。学生在学习前滚翻之前，应该在基本掌握各种滚动动作的基础上进行学习，这样才有利于学生快速掌握前滚翻的技术动作。通过本课内容的学习，不但能够提高学生柔韧、灵敏、协调等身体素质，而且能够发展学生的空间定向能力和平衡能力。

前滚翻技术动作对于一年级学生而言，存在着一定的难度和危险性，在学习时要加强对学生“主动安全意识”与“被动安全意识”的培养，让学生

具备较强的自我保护能力，养成主动保护和帮助他人的责任意识，保证学生的学练安全。

三、学情分析

本次授课对象是一年级（5）班学生。本班学生活泼好动，喜爱各种体育活动，在进行各项运动项目的学习时能够表现出较高的学习热情，具有吃苦耐劳的精神。学生的身体灵活性较高、反应快速，柔韧性、协调性均表现出较好的状态。由于本年龄段学生前庭器官正处于生长发育的关键时期，本课内容教学有着较强的现实意义，学习本教学内容有利于促进本年龄段学生前庭器官的发育和平衡能力的发展。

本班学生此前从未进行过前滚翻的学习，教师前期曾进行过一次前后滚动的教学，学生对滚动表现出了较高的学习热情，为本课的学习埋下了伏笔，打下了基础。

在本课教学中，教师根据学生的实际情况引导学生主动参与、积极思考，利用条件限制法，采用多种辅助器材，组织各种游戏，让学在思考中明悟、在观察中领悟、在练习中感悟，从而使其初步学会前滚翻滚动成直线的技术，完成前滚翻后成屈腿坐动作。由于在本项动作的学习中，学生易遭受挫折，产生心理恐惧，因此教师应多传递正能量，帮助学生树立学习信心，使其敢于挑战、勇于拼搏。

四、教学目标

（1）了解前滚翻的动作方法，知道身体部位依次着垫的顺序，明确安全练习的重要性。

（2）80%左右的学生能够做出前滚翻成直线的动作，完成前滚翻后成屈腿坐动作，提高协调、灵敏素质，发展空间感与平衡能力。

（3）体验学习技巧项目带来的快乐与成功感，培养勇敢顽强的体育精神与沉着冷静的心理素质。

五、教学重难点

（1）教学重点：前滚翻成直线。

（2）教学难点：前滚翻后成屈腿坐。

六、学习效果评价

学生学习效果自评：能自主参与学习，练习刻苦认真。

学生学习效果互评：通过体验、练习、游戏活动，组织学生对彼此之间的互助合作、鼓励与支持等方面进行评价，树立学生学习的自信心，促使他们帮助同伴得到不同程度的提升。

教师对学生学习效果的评价：教师在教学的过程中，以表扬和鼓励为主，传递正能量，帮助心理素质不强的学生树立自信心，达成本课教学目标。

技能评价标准如下表所示。

真　棒	加　油	需努力
完成动作质量好；滚动成直线、前滚翻后成屈腿坐	完成动作质量较好；滚动成直线	能完成动作，姿势基本正确

七、教学设计特点

1. 创造性地使用器材，突破教学重难点

为突破教学重点，教师注重标志和标线的使用，在垫子上贴了三种有利于学生学习的标志，即手撑标志点、前滚翻时头后部着垫的黑色标志、提示滚动成直线的标线。

为了纠正学生滚动不成直线的错误动作，教师利用条件限制法，创造性地将 3 块小垫子进行了并排纵向叠放使用，利用垫子形成的沟槽来限制学生的滚动方向，以纠正学生滚动不成直线的错误动作。

为了突破教学难点，首先教师让学生站在垫子的另外一端，进行前滚翻的练习，比一比谁的脚掌能够落到手撑标志点上，引导学生做出屈腿的动作。然后教师再次利用条件限制法，引导学生两人一组，将小垫子立放使用，进行“前滚翻后不碰倒小垫子”的游戏，迫使学生必须做出前滚翻后成屈腿坐的动作。从而让学生自然而然地做出团身紧、滚动圆滑的前滚翻动作。

2. 逐步提升学习难度，循序渐进进行教学

教师通过对教材的深入挖掘和处理，由浅入深地设计教法步骤，先让学生按照标志点体会前滚翻成直腿坐动作；随后增加练习难度，利用标志

点体会前滚翻后成屈腿坐动作；然后利用立放小垫子的方法开展前滚翻成屈腿坐的小游戏，让学生由浅入深地进行学习，使其逐步学会前滚翻后成屈腿坐的技术动作。

附：“技巧之前滚翻”教案

班级：一年级

<table>
<tr><td>教材内容</td><td colspan="5">1. 前滚翻（第1课时）
2. 游戏：钻山洞</td></tr>
<tr><td>教学目标</td><td colspan="5">(1) 了解前滚翻的动作方法，知道身体部位依次着垫的顺序，明确安全练习的重要性
(2) 80%左右的学生能够做出前滚翻成直线的动作，完成前滚翻后成屈腿坐动作，提高协调、灵敏素质，发展空间感与平衡能力
(3) 体验学习技巧项目带来的快乐与成功感，培养勇敢顽强的体育精神与沉着冷静的心理素质</td></tr>
<tr><td rowspan="2">教学过程</td><td rowspan="2">教学内容</td><td colspan="2">运动负荷</td><td rowspan="2">组织教法及要求</td><td rowspan="2">活动队形</td></tr>
<tr><td>时间(分)</td><td>强度</td></tr>
<tr><td rowspan="2">开始部分</td><td>一、课堂常规
1. 体委整队报告人数
2. 师生问好宣布内容</td><td>1</td><td></td><td>1. 教师观察学生精神面貌，调动学生学习情绪
2. 教师介绍本课学习内容，进行安全教育</td><td rowspan="2"></td></tr>
<tr><td>二、队列练习
1. 原地踏步走—立定
2. 原地转法</td><td>2</td><td>小</td><td>教师组织学生进行队列练习，养成良好的队列素养，形成良好的身体姿态（2次）
（要求：摆臂有力，步调整齐）</td></tr>
<tr><td>准备部分</td><td>一、热身游戏：你是我的朋友
方法略</td><td>2</td><td>中</td><td>教师引导学生进行热身游戏（1次）
（要求：注意安全，充分活动）</td><td></td></tr>
</table>

（续表）

准备部分	二、专项准备活动（2×8 拍） 1. 头部运动 2. 肩绕环 3. 腰绕环 4. 膝绕环 5. 踝腕绕环	2	中	教师组织学生进行专项准备活动，充分活动关节，为接下来的学习打好基础(1 次) （要求：动作用力、到位，活动充分）	☺ ▲
	三、辅助练习 前后滚动	3	中	教师引导学生体验前后滚动动作（2 次） （要求：滚动成直线）	☺ ▲
基本部分	一、前滚翻 1. 方法 蹲撑，两手撑垫，同时屈臂、低头；然后两脚蹬地、提臀收腹，重心前移团身向前滚动。前滚时，枕骨、肩、背、臀依次触垫，然后团身成蹲撑  2. 教学重点 前滚翻成直线 3. 教学难点 前滚翻后成屈腿坐	15至17	中 中	1. 教师示范并讲解动作方法（2 次） （设计意图：知道身体部位的着垫顺序，建立正确的动作概念） 2. 教师引导学生练习前滚翻成直腿坐撑动作（5～6 次） （设计意图：体会 1 低 2 提 3 滚动成直腿坐的动作方法） （纠错：腿蹬得过直、头顶垫子、臂伸直） 3. 教师引导学生练习前滚翻后成屈腿坐动作（5～6 次） （设计意图：体会滚翻后团身成屈腿坐的动作方法，感受前滚翻后的屈腿技术）	☺ ▲

（续表）

基本部分	4. 保护与帮助方法 保护者在练习者左侧稍前，左膝跪立，左手按扶练习者右手防止前移。练习者前滚时，保护者左手轻按练习者头颈，使其低头、枕骨向前，右手扶其大腿后上部帮助其前滚翻，同时左手提托其左肩，练习者背部着垫时，左手顺势助其滚动		中 中	4. 教师请学生进行动作展示，给予评价并提示纠正错误动作的方法（1 次） （设计意图：再次建立正确的动作概念，培养学生敢于展示体操动作的欲望） 5. 教师指导学生换位巧用小垫子练习前滚翻后成屈腿坐动作（4～6 次） （设计意图：提高学习难度，不使用直线和手撑标志点，并要求学生滚动后双脚落在两个点上） 6. 教师引导学生利用立放小垫子组合进行前滚翻滚动后成屈腿坐的小游戏（3～6 次） （设计意图：控制学生滚翻的团身动作及滚翻距离，使其滚翻后快速收腿成屈腿坐）	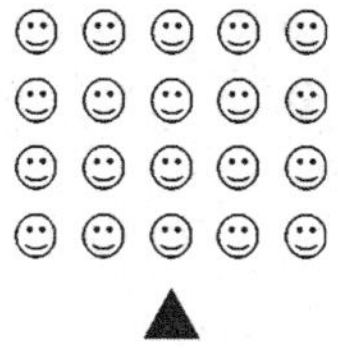
	二、课课练：双人配合游戏	5	大	教师引导学生进行双人配合游戏（4～6 次） （设计意图：增加本课练习强度，弥补体操练习运动量较低的问题）	
	三、游戏：钻山洞 方法：把学生分成人数相等的四队，分别在垫子上俯卧位支撑。裁判发出“开	5	中	1. 教法 （1）教师讲解游戏方法与规则，做示范 （2）教师做裁判，学生进行游戏 （3）教师评价后，学生再次	

（续表）

基本部分	始”口令后，第一个人迅速用匍匐爬行的方式穿过山洞，爬到队尾后喊“到”，第二个人再出发，依此类推。先完成的队获胜			进行游戏 2. 规则 （1）山洞不能倒塌 （2）第一人到位后喊“到”后，第二人再开始比赛	
结束部分	1. 肢体节奏放松活动 2. 小组畅谈本课感受		小	教师引导集体进行拍打放松，感受肢体节奏的魅力（要求：动作轻柔，力度合理）	
场地器材	1. 小垫子：42 块 2. 大体操垫：1 块 3. 录音机：1 台	预计运动负荷	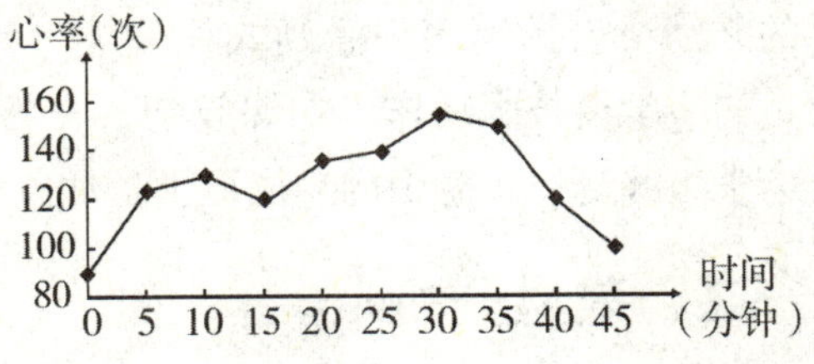		
		预计练习密度	30%～35%	平均心率	125～130次/分
课后小结					

巧用教具，提升学生空间定向能力与判断力

——“技巧之连续前滚翻”教学设计

一、指导思想

本课以“健康第一”为指导思想，旨在促进学生健康成长。教学中，教师以学生的自主发展为中心，逐步渗透教学技术。教师主要通过引导、体验、游戏、评价等教学手段，帮助学生练习、提高、巩固，使其初步学会技术动作。这一过程中，教师关注学生学习过程，由浅入深、循序渐进地进行细致教学，培养学生刻苦学习的优良品质和良好的创新能力。体操运动是学生体验美、展示美的舞台，教师教学中要注意使学生在教师和同伴的鼓励与表扬等多种激励式评价下，树立学习信心，调动自身学习热情，初步学会技术动作。本课教学旨在为学生的自主学习打下坚实基础，也为学生终身体育意识的养成提供条件。

二、教材分析

连续前滚翻是前滚翻单个动作的简单组合，是在学生已具备滚动和前滚翻动作基础上的技术难度的提升。动作的关键点在于两个前滚翻动作衔接的时间和节奏。同时，连续前滚翻对前滚翻动作的完成质量也有较高的要求。本项技术对培养学生的协调性、灵敏性及空间感有着较好的锻炼价值，能够较好地培养学生的动作连续能力、快速反应能力和平衡感。在教学中还要注意加强学生的安全意识。体操练习时有三种保护方式，即自我保护、他人保护、器材保护，本项动作对于连贯性的要求较高，故而很难进行人员跟随性保护。教师首先需要提高学生的自我保护意识，其次要加大保护垫子的铺设面积，给学生提供一个安全的练习场地。

三、学情分析

本次课的授课对象是我校二年级（1）班学生。该班学生的身体灵活

性较高，反应快，善于模仿，求知欲强。该班共有学生 20 人，男生 9 人，女生 11 人。活泼好动是儿童的天性，他们对体育活动有广泛的兴趣，喜欢学习各项运动技巧。因此，教师在教学中针对学生的心理与生理特点，设计了连续前滚翻教学。

在一年级同类项目学习中，大部分学生已经初步学会了前滚翻动作与方法，但在练习时学生往往出现团身不紧、双手不能及时抱小腿等现象。根据学生的情况，教师在课堂教学中引导学生积极思考，利用游戏让学生在观察、思考中得到启示，得到锻炼。教师在教学中应尽量多表扬少批评，以免使学生缺乏自信、对学习失去兴趣。在教学中教师可以引导学生将自主学习与群体合作学习有机结合，使学生的心理得到满足，同时有效激发学生的团队精神、合作意识，使学生在参与活动中获得自信与成就感。

四、教学目标

（1）能够说出连续前滚翻的动作要领，明确保护与帮助的重要性。

（2）继续学习连续前滚翻的动作，80%左右的学生能够掌握前滚翻后手迅速撑垫顺势完成第二个滚翻动作的方法，提高身体协调性、灵敏性，发展空间感与平衡能力。

（3）培养克服困难、相互帮助的优良品质，享受体育运动带来的成功感。

五、教学重难点

（1）教学重点：前滚翻后手迅速撑垫。

（2）教学难点：滚翻与滚翻之间的节奏与衔接。

六、单元计划

课　时	教学目标	教学重点与难点
1	巩固提高团身滚动后双手抱小腿成蹲立的技术动作	重点：前滚翻后双手抱小腿成蹲立 难点：前滚翻动作正确，滚动圆滑
2	体验连续前滚翻动作，掌握前次滚翻之后手前撑的连续动作	重点：前次滚翻后手迅速撑垫 难点：滚翻与滚翻之间的节奏与衔接

（续表）

课　时	教学目标	教学重点与难点
3	巩固提高连续前滚翻的连贯性，明确连续前滚翻的评价标准	重点：滚翻速度快，动作连贯协调 难点：连续前滚翻动作规范、优美
4	通过技评了解学生掌握连续前滚翻动作的情况	重点：动作正确、连贯，能进行简单评价 难点：稳定发挥自身水平

七、学习效果评价

自我学习效果评价：能够自主进行连续前滚翻的学习，并能够对同伴的动作给予正确评价。

学生学习效果互评：通过学练、游戏、比赛等活动，组织学生对彼此的互助合作、鼓励与支持等方面进行评价，树立学生的自信心，促使他们帮助同伴从不同程度上得到提升。

教师对学生学习效果的评价：教师在教学的过程中，以表扬和鼓励为主，帮助学生树立信心，达成本课教学目标，达到较好的教学效果。

技能评价标准如下表所示。

优　秀	良　好	继续努力
完成动作质量好；姿势正确，动作连贯、协调、优美	完成动作质量较好；姿势较正确，动作轻松、协调	能完成动作；姿势基本正确，动作不够轻松、自然、协调

八、教学设计特点

1. 自制教具的使用方便学生学习

对于本课教学而言，由于教材本身特点和学生身体的实际情况，低年级学生在器材使用上会遇到不少困难，为了方便学生使用，可以在垫子上使用粘扣，让学生节省更多时间进行练习。教师通过教学尝试和调查分析，制作了简单教具，学生可以充分利用该教具进行练习，省去了多次摆放器材的时间。这样，教师便将更多的练习时间还给了学生。

2. 教材的游戏化处理

教学中，教师将多个游戏和比赛串联在一起，从基本部分的游戏“前滚翻夹球落地”和“前滚翻后握棒快起”开始，再到连续前滚翻的“快快放手”拓展等游戏和比赛，练习难度由浅入深。这些游戏和比赛的目的都紧紧围绕着本课学习的重难点，能够充分激发和调动学生的学练热情，让学生在宽松愉悦的学习氛围中学有所乐、学有所获。

附：“技巧之连续前滚翻”教案

班级：二年级

教材内容	1. 连续前滚翻（第 2 课时） 2. 游戏：跑垒接力			
教学目标	（1）能够说出连续前滚翻的动作要领，明确保护与帮助的重要性 （2）继续学习连续前滚翻的动作，80％左右的学生能够掌握前滚翻后手迅速撑垫顺势完成第二个滚翻动作的方法，提高身体协调性、灵敏性，发展空间感与平衡能力 （3）培养克服困难、相互帮助的优良品质，享受体育运动带来的成功感			
教学过程	教学内容	次数（分）	时间（分）	组织教法及要求
开始部分	一、课堂常规 1. 体委整队报告人数 2. 师生问好 3. 宣布本课内容，安排见习生活动 4. 安全教育（滚动安全，特别强调前滚翻保护帮助）			组织队形：四列横队  教师检查队形，宣布本课的内容
	二、队列练习 1. 原地转法 2. 齐步走—立定	1 2 2	1 2	1. 提出队列要求并示范 2. 学生在教师口令指导下进行练习 3. 教师评价，指导学生集体练习 （要求：精神饱满、注意力集中）

（续表）

准备部分	一、徒手操练习 1. 肩部运动 2. 扩胸运动 3. 体转运动 4. 腹背运动 5. 压腿运动 6. 踝、腕关节运动	1 至 2	3	一、徒手操练习 组织队形：四列横队 教师示范并指导练习，适时给予提示
	二、专项准备活动 1. 头部绕环、屈伸 2. 双手抱腿蹲立 3. 小皮球团身跳	2 至 3	2	学生在教师的口令下进行练习 要求：动作用力，充分热身
基本部分	一、连续前滚翻 1. 动作方法 蹲撑，两手撑垫，同时屈臂、低头；然后两脚蹬地，提臀收腹，重心前移，团身向前滚动。前滚时，枕骨、肩、背、臀部依次触垫，然后团身成蹲撑。依次连续进行  2. 教学重点 前次滚翻后手迅速撑垫 3. 教学难点 滚翻与滚翻之间的节奏与衔接 4. 保护与帮助方法 （1）保护者在练习者右侧稍前，左膝跪立，左手按扶练习者右手防止前移	1 2 至 3	2 4	组织队形 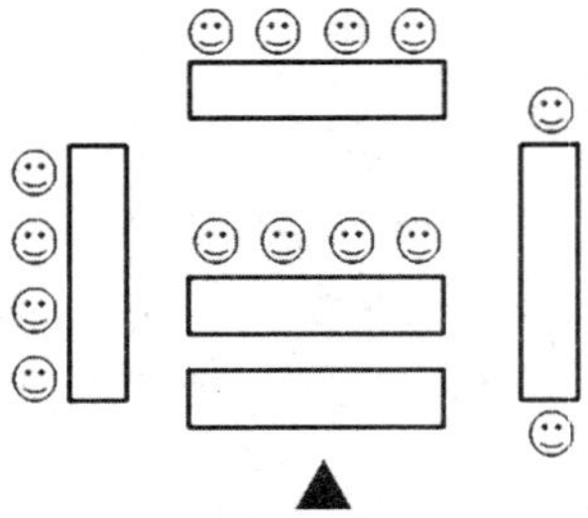 1. 教师引导学生复习前滚翻 （要求：按顺序进行练习，注意保护） 2. 教师引导学生进行前滚翻游戏 （1）前滚翻夹球落地：双脚夹住小皮球练习前滚翻，完成的得一分（师生评价）（使学生双脚蹬地） （2）前滚翻后握棒快起：双手紧握体操棒，快速前滚翻成蹲立，完成的得一分（师生评价）（使学生体验团身要紧） （要求：认真游戏，注意安全）

（续表）

基本部分	（2）练习者前滚时，保护、帮助者右手轻按练习者头颈，使其低头、枕骨向前，左手顺势扶其大腿后上部帮助前滚翻，同时右手提托其右肩，练习者背部着垫时，右手顺势助其滚动	3至5 2至3 3至5 1至2 1至	5 2 4 3 4	3. 教师讲解示范游戏“快快放手”的方法并组织学生进行练习，找到小手印的得1分 （要求：能够在滚翻后主动做出双手撑垫动作，注意安全） 4. 教师巡视指导，着重辅导能力较弱的学生 （要求：按顺序认真进行动作练习，注意安全） 5. 教师调动学生学习兴趣，做出优美的动作示范，并组织学生体验连续前滚翻动作 （要求：认真观察，仔细思考，大胆体验） 6. 教师引导学生完成完整的连续前滚翻动作，并纠正错误动作 （要求：认真参与练习，注意保护，提高安全意识） 7. 拓展练习：连续前滚翻接力赛 （要求：遵守游戏规则，注意安全）
	二、易犯错误 衔接不及时、不连贯	2		纠正方法： 当练习者前次滚翻恢复蹲立的瞬间，保护者用语言提示或击掌等信号促使其加快衔接的速度
	三、游戏：跑垒接力 1. 把学生分成人数相等的四队，每队再报数排定号次，排成纵队分别站在两条对角线上 2. 裁判发出“预备”口令时，各队第一人站在本垒内，喊“开始”时立即向同一方向跑，依次通过各垒后再回到本垒		5	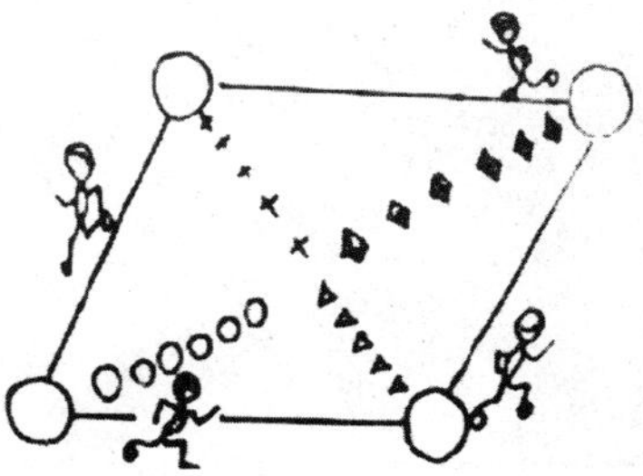

（续表）

<table>
<tr><td>基本部分</td><td>3. 各队第一人跑完之后第二人再跑，直到全队跑完为止。最后以各队的用时评定名次</td><td></td><td></td><td colspan="3">1. 教法
（1）教师讲解游戏方法并组织学生练习
（2）学生在教师的指导下进行游戏
（3）教师巡视比赛，提示安全要求
（4）学生分组游戏比赛
2. 要求
（1）学生明确游戏方法与规则
（2）进行分组练习与比赛
3. 规则
（1）跑时必须依次通过各垒
（2）漏垒的不计分</td></tr>
<tr><td>结束部分</td><td>1. 放松舞蹈：幸福拍手歌
2. 教师小结
3. 收、放器材</td><td>1</td><td>2
1</td><td colspan="3">组织队形：四列横队
（要求：动作优美，充分放松）</td></tr>
<tr><td rowspan="2">场地器材</td><td rowspan="2">1. 小体操垫：26 块
2. 沙包：5 个
3. 体操棒：5 根
4. 呼啦圈：4 个</td><td colspan="2">预计运动负荷</td><td colspan="3">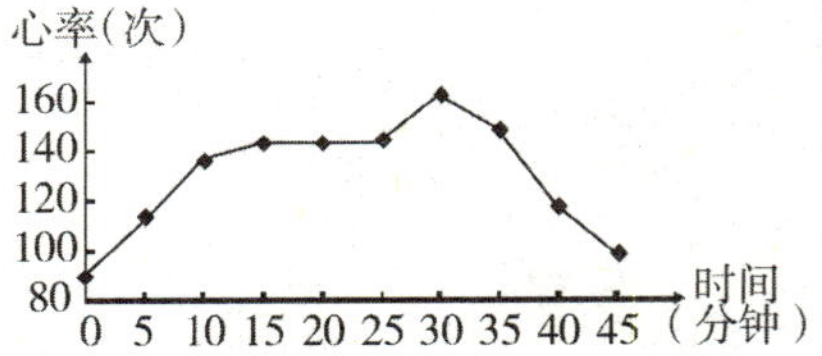
</td></tr>
<tr><td colspan="2">预计练习密度</td><td>30%</td><td>平均心率</td><td>120～130 次/分</td></tr>
<tr><td>课后小结</td><td colspan="6"></td></tr>
</table>

爬行与模仿，提升学生身体协调配合能力

——“爬行之模仿各种动物的爬行与游戏”教学设计

一、教材分析

模仿各种动物爬行是低年级学生非常喜欢的一项体育运动，其特点是以俯卧支撑为主爬行。多种方式的爬行活动，可以发展学生的下肢和腰腹力量，协调全身配合能力。

爬行动作的学习重在培养学生的运动兴趣，激发学生的学习热情和参与意识，增强学生的观察、想象、创新和表现能力。在教学时，教师要根据学生的实际学习能力，采用多种多样的教学形式，培养学生勇敢顽强、克服困难的精神和安全练习的意识与习惯。

二、教学重难点

（1）教学重点：模仿动作生动、形象。

（2）教学难点：动作协调。

三、学情分析

本课的教学对象是一年级学生。一年级学生兴趣广泛，参与意识强，但注意力集中时间较短，容易受外界事物的干扰。

教学时，教师应从学生的学习兴趣出发，充分利用学生乐于参与、善于模仿的身心特点，巧妙安排模仿各种动物爬行这一教学内容，使之适合一年级学生的学习需要。教师可以从观察、模仿的视角出发，让学生充分体验学习过程，同时，教师要适时适度加以引导，让学生知道各种动物爬行的异同点，并做出正确的爬行动作。

四、教学过程

本课教学以到动物园郊游为情境设计主线，以丰富多彩的学习、游戏活动为载体，旨在让学生在“郊游”的过程中不断观察、模仿、体验，从中感悟爬行动作，学练爬行的动作方法，提高爬行的技术水平。

教学过程中，在开始部分，教师为了让学生做好学习准备，设计了快快排队的游戏，设计意图是让学生养成良好的行为习惯，形成良好的队列素养。

在准备部分，教师创设了到健身广场参加健身活动的教学情境，引导学生通过模仿活动充分地活动关节、肌肉和韧带，为接下来的爬行学习做好准备。接着，教师通过钻圈小游戏让学生感受身体重心由高到低的变化，为学生接下来的学习做好铺垫。

在基本部分，教学时教师首先通过引导，发挥学生的想象力，让学生想象多种动物的爬行动作。然后再通过参观两栖动物爬行馆的情境，让学生看到了中国国家一级保护动物扬子鳄，从而引发了学生的学练兴趣。教师通过模仿鳄鱼爬行、模仿鳄鱼吃肉等小游戏，使得学生的爬行动作更加形象、生动。接下来，教师引导学生继续参观海洋馆并观看海象表演，让学生模仿海象的爬行动作，引导学生和海象一起表演，激发了学生的学习热情，使其得以保持学习兴趣，并在轻松愉悦的氛围中初步学会海象的爬行动作。同时明确鳄鱼爬行动作与海象爬行动作的异同点，有利于使学生的爬行动作更加标准。随后，教师引导学生模仿草中蚂蚱爬行的动作，让学生充分感受以上三种动作的异同点，并通过游戏让学生将学会的爬行动作运用于比赛，帮助学生再次复习和巩固爬行的动作方法，使其初步学会爬行的技术动作。

本课教学中，教师还为学生设计了健身园地情境，设计意图是在一节课中让学生的身体得到全面的锻炼。教师在“课课练”环节安排的“找朋友”的奔跑类游戏，让学生通过参与游戏提高练习密度和运动量，促进学生身体素质的提升，达到较好的锻炼效果。

游戏“打活动目标”也是健身园地的活动内容之一，设计本项教学内容的意图是让学生在一节课中上下肢都能得到充分锻炼与发展，增强学生的投掷能力，提高学生的身体灵活性，培养学生良好的规则意识。

最后在课的结束部分，教师设计了和花蝴蝶一起翩翩起舞的情境，目的是让学生在优美的音乐声中充分放松身心、陶冶情操，培养学生鉴赏美、感受美、展现美的能力。

附：“爬行之模仿各种动物的爬行与游戏”教案

班级：一年级

<table>
<tr><td>教材内容</td><td colspan="5">1. 模仿各种动物的爬行与游戏（第 1 课时）
2. 游戏：打活动目标</td></tr>
<tr><td>教学目标</td><td colspan="5">1. 知道所模仿动物的爬行动作要领，明确安全练习的重要性
2. 80%左右的学生能够初步学会模仿三种动物的爬行动作方法，提高上肢力量，培养灵敏、协调素质
3. 体验学习爬行带来的快乐，培养开拓创新精神与刻苦锻炼的优良品质</td></tr>
<tr><td rowspan="2">教学过程</td><td rowspan="2">教学内容</td><td colspan="2">运动负荷</td><td rowspan="2">组织教法及要求</td><td rowspan="2">活动队形</td></tr>
<tr><td>时间(分)</td><td>强度</td></tr>
<tr><td rowspan="2">开始部分</td><td>一、课堂常规
1. 体委整队报告人数
2. 师生问好，教师宣布学习内容</td><td>1</td><td></td><td>1. 教师观察学生精神面貌，调动学生学习情绪
2. 教师介绍本课学习内容，进行安全教育</td><td rowspan="2"></td></tr>
<tr><td>二、队列练习
1. 原地转法
2. 原地踏步走—立定</td><td>2</td><td>小</td><td>教师组织学生进行队列练习，养成良好的队列素养，形成良好的身体姿态（2 次）（要求：摆臂有力，步调整齐）</td></tr>
</table>

（续表）

准备部分	一、模仿操（4×8拍） 1. 头部运动（磕头虫） 2. 肩部运动（小猴子摘桃） 3. 腰部运动（大黑熊玩呼啦圈） 4. 下肢运动（小兔子跳） 5. 踝腕运动（天鹅水中跳舞）	3	中	教师组织学生进行专项准备活动，充分活动关节，为接下来的学习活动打好基础（1次） （要求：动作用力、到位，充分活动）	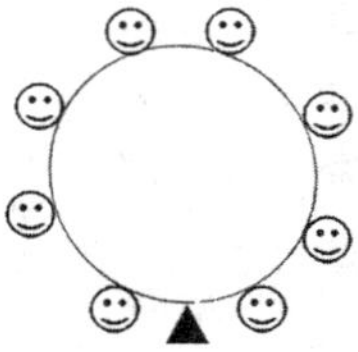
	二、辅助游戏：钻圈小游戏	4	中	教师引导学生进行游戏（体验身体重心的变化） （要求：降低身体重心，手撑脚跳）	
基本部分	一、模仿动物爬行 1. 鳄鱼  方法：腹部贴地，异侧手脚配合向前爬行 2. 海象  方法：双脚伸直并拢，用两臂支持，向前爬行	15至17	中 中	1. 教师引导学生联想，什么动物会爬。（1次） （设计意图：发展学生的想象空间） 2. 教师引导学生模仿鳄鱼爬行的动作，并进行鳄鱼爬行游戏（3～6次） （设计意图：体会腹部贴地手脚并用的爬行动作方法） （纠错：异侧手脚配合；形成腹部贴地的爬行动作） 3. 教师引导学生模仿海象爬行的动作，并进行海象表演赛（5～6次） （设计意图：体会双脚伸直并拢，用两臂支持，向前爬行的动作方法）	

（续表）

基本部分	3. 蚂蚱 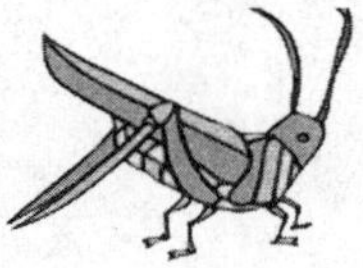 方法：背对爬行方向，成仰卧位手脚并用，向前爬行 4. 教学重点 模仿动作形象、逼真 5. 教学难点 动作协调		中 中	4. 教师请学生进行动作展示，给予评价并提示纠正错误动作的方法（1次） （设计意图：提示学生注意观察与模仿，培养学生敢于展示动作的欲望） 5. 教师进行动作示范与讲解，引导学生做出蚂蚱爬行的动作（4～6次） （设计意图：提高学习难度，体会仰卧位时上下肢配合的爬行能力） 6. 教师引导学生利用纵队排列的小垫子组合进行爬行比赛（3次） （设计意图：利用比赛来巩固学生的爬行技术，并提高学生的爬行速度，激发并调动学生学习的积极性）	
	二、课课练：找朋友	5	大	绕圆形场地进行慢跑，听数字找朋友 （设计意图：增加本课的练习强度，让学生的全身得到锻炼，让学生的身体得到全面发展）	
	三、游戏：打活动目标 1. 把学生分成人数相等的四队，分别在圆形场地上站好	5	中	1. 教法 （1）教师讲解游戏方法与规则，并做示范 （2）教师做裁判，学生进行游戏	

（续表）

<table>
<tr><td>基本部分</td><td>2. 裁判发出“开始”口令后，学生将手中的球经过地滚向圆中的同学击打，最后以在规定时间内，打中次数最多的队获胜</td><td></td><td></td><td>（3）教师评价后，学生再次进行游戏
2. 规则
（1）不得直接击打
（2）不得越线击打</td><td>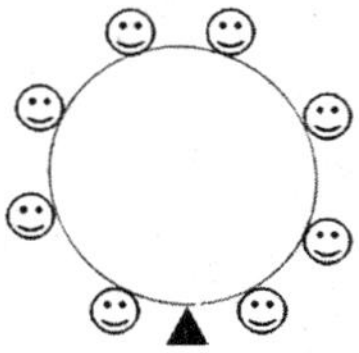</td></tr>
<tr><td>结束部分</td><td>1. 放松舞蹈：花蝴蝶
2. 学生畅谈学习感悟</td><td></td><td>小</td><td>教师引导集体进行放松活动，使学生感受音乐的魅力与舞蹈的柔美
（要求：动作轻柔，力度合理）</td><td></td></tr>
<tr><td rowspan="2">场地器材</td><td rowspan="2">1. 小垫子：30 块
2. 录音机：1 台
3. 小排球：4 个</td><td>预计运动负荷</td><td colspan="3">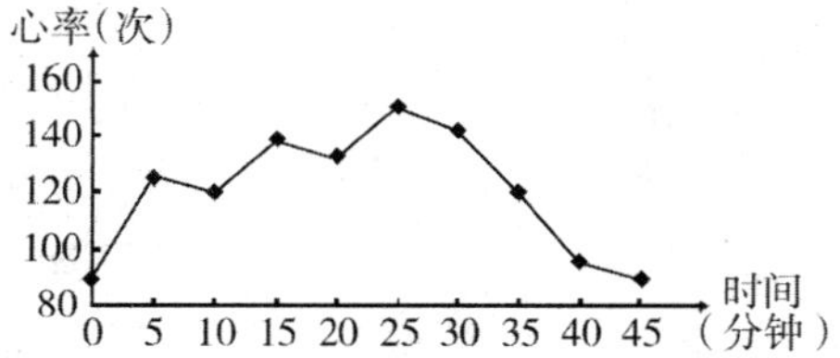</td></tr>
<tr><td>预计练习密度</td><td>32%～35%</td><td>平均心率</td><td colspan="2">110～125 次/分</td></tr>
<tr><td>课后小结</td><td colspan="5"></td></tr>
</table>

让篮球成为学生运动的好朋友

——“小篮球活动之拍按球”教学设计

一、指导思想

本课教学贯彻落实《中共中央国务院关于加强青少年体育增强青少年体质的意见》，并依据2011版新课标的基本理念，教师牢固树立了“健康第一”的指导思想。

本课教学以学生发展为中心，重视教师的主导地位与学生的主体地位，充分激发和调动学生的学习兴趣，激发学生的学习潜能，由浅入深地引导学生初步掌握小篮球的拍按球技术，提高学生参与小篮球活动的主动性与积极性，培养学生的球感与控球能力。

二、教材分析

篮球运动在我国球类运动中是较为普及的，深受广大民众喜爱。在小学阶段，小篮球活动也是学生非常喜爱的运动项目。本项球类运动能够提高学生跑动、跳跃与投准的基本运动能力，发展学生的灵敏、速度、力量和耐力等身体素质，促进青少年身心的正常发育。同时对于提高学生神经系统的灵活性及大脑的综合分析能力也有着重要的作用。

小篮球拍按球动作是小篮球原地运球动作的基础。本项技术主要是让学生在抬头的情况下，五指张开，手心空出，有节奏地拍按球的上部，重点体验小篮球拍按球技术。教师要结合一年级学生的生理与心理特点，巧妙设计与组织本课教学，通过让学生积极参与多种小篮球游戏，引导学生体验动作、感悟技术，进而激发和调动学生学习小篮球活动的兴趣，提升学生的拍按球技术水平，让学生能够饶有兴趣地参加小篮球的学练活动，从小和小篮球成为朋友，努力成为篮球运动小达人。

三、学情分析

1. 分析学情，以学定教

人们常说："教学有法而教无定法。"对此，我的理解是，教学中，教师一定要结合学生的实际情况来进行教学方法的选择与运用。所以教师在教学前一定要了解学生已有的学习情况、知识基础、运动能力等，以便准确定位教学重难点，更加科学地选择教法和学法，从而提高教学效果。

本课教学前，为了分析本次教学对象的学习情况，我与曾教本班的体育教师就本班学生的体育知识水平、学习能力等问题进行了深入交流，获得了一些有价值的信息，为本课进行有效教学做好了铺垫。

2. 了解学生身体素质情况与运动能力

本次授课对象是我校一年级（2）班学生。本班共 31 人，男生 17 人，女生 14 人，其中 1 人免体。一年级学生刚入学一个多月，以前未接触过系统的体育课程学习，其身体素质需要提升，其运动能力也需要进一步培养。所以教师在教学中一定要关注运动负荷与练习密度，保证学生的学练安全。

3. 学生学习态度与习惯

本班大多学生毕业于私立幼儿园，由于幼儿园的教育管理较为宽泛、自由，部分学生的学习习惯欠佳，学习态度需要进一步规范，这为本课教学增加了难度。教师的应对措施：（1）增加安全教育，提示学生养成良好的纪律习惯。（2）启动奖励机制，对课上学习态度好、学习认真的学生进行奖励。（3）树立学习榜样，利用榜样作用端正学生的学习态度。

四、教学目标

（1）知道小篮球拍按球的动作要领，明确连续拍按球的动作特点。

（2）80%以上的学生能够做出连续拍按球上部较好控球的动作，提高控球能力，发展灵敏、协调与柔韧素质。

（3）体验学习小篮球拍按球带来的快乐与成功感，培养乐于参与体育活动的态度和行为，养成积极参与体育活动或比赛的习惯。

五、单元计划

<table>
<tr><td>教学内容</td><td colspan="2">小篮球活动——拍按球</td><td>授课年级</td><td>一年级</td></tr>
<tr><td>教学目标</td><td colspan="4">1. 知道小篮球拍按球的动作要领，明确有节奏地拍按球上部的重要性
2. 通过教学初步掌握小篮球拍按球的动作方法，提高控球能力，发展身体的协调性、灵敏性和柔韧性
3. 体验学习小篮球带来的快乐，培养乐于参与体育课程学习的主动性与积极性</td></tr>
<tr><td>课时</td><td>重难点</td><td colspan="3">主要教法措施</td></tr>
<tr><td>1</td><td>重点：拍按球的上部
难点：控制运球力量</td><td colspan="3">1. 引导学生进行小篮球传球游戏
2. 示范小篮球拍按球的动作，并提示重难点
3. 引导学生进行小篮球拍球比赛
4. 引导学生分组进行小篮球拍按球对抗赛
5. 引导学生进行动作展示，学生给予评价
6. 引导学生进行小组小篮球拍按球接力赛
7. 小结</td></tr>
<tr><td>2</td><td>重点：拍按球的上部
难点：连续拍按较好控球</td><td colspan="3">1. 引导学生运用原地蹲姿体会小篮球的推、拨、拉、绕、钻等动作
2. 引导学生原地复习小篮球拍按球动作，提示拍按球位置，利用吊球纠正学生的拍按球位置，引导学生连续运球
3. 引导学生进行小篮球拍按球比赛（巩固小篮球拍按球动作，规定个数，比一比谁拍按球的速度最快）
4. 引导学生进行动作展示，学生给予评价
5. 引导学生进行小篮球拍按球比赛（巩固小篮球拍按球动作，在规定时间内比一比谁拍按球的次数最多）
6. 引导学生 2 人一组，进行连续拍按球挑战赛
7. 引导学生 3～4 人一组，进行连续拍按球挑战游戏
8. 引导学生进行花式拍按球挑战赛
9. 小结</td></tr>
</table>

（续表）

3	重点：有节奏地拍按球 难点：抬头	1. 引导学生原地复习小篮球拍按球动作，提示拍按球位置 2. 引导学生听不同节奏的音乐进行拍按球 3. 引导学生利用小笑脸进行拍按球游戏 4. 引导学生分组进行动作展示，学生间相互评价 5. 引导学生进行“向日葵”拍按球小游戏 6. 引导学生进行拍按球对抗赛 7. 小结

六、学习效果评价

自我学习效果评价：能够自主参与学练活动，能够在学习中给予同伴帮助，能够及时评价同伴动作。

学生学习效果互评：组织学生对彼此间的互助合作、相互指导等方面进行评价，培养学生的合作意识与良好学习习惯。

教师对学生学习效果的评价：在教学过程中，教师应以激励和表扬为主，帮助学生树立学习的自信心，鼓励学生努力完成本课学习任务，达成本课的教学目标。

技能评价标准如下表所示。

运动健将	一级运动员	二级运动员
拍按球时拍按的球的部位准确，并能够连续拍按球15～20次，控球能力强	拍按球时拍的按球的部位较准确，并能够连续拍按球5～10次，控球能力较强	拍按球时拍按的球的部位基本准确，并能够拍按球2～3次

七、教学设计特点

1. 游戏化教学，突破本节课的重难点

本课进行了游戏化教学设计，目的是激发和调动学生的学习兴趣。在教师有效的引导与组织下，学生通过参与、体验、感悟和身体练习，巧妙地突破了教学的重难点，逐步学会了小篮球拍按球的动作方法。

2. 自制教具实施教学，助力教学目标的达成

为了让学生在本课中获得小篮球拍按球的成功感，教师设计制作了具

有弹力的吊球，目的是帮助不能完成连续拍按球的学生通过拍按球体验找到连续拍按球的动作感觉，解决不能连续拍按球的问题，从而获得成功感。将自制教具应用于教学，能够提高学生学习自信心，增强学生手对球的控制感，有效促进学生拍按球能力的提升。

八、场地器材的创新使用（可选项），附图和简单说明

活动队形如下所示：

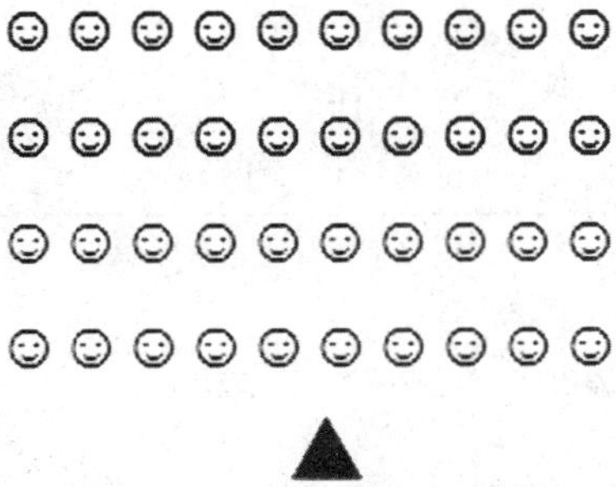

四列横队的设计有利于学生观察、学习，有利于组织教学。

吊球的使用方法如下所示：

球高度调整到学生拍按球适宜的高度

学生做好拍按球准备

学生拍按球时皮筋拉紧

皮筋拉紧，小篮球自然上提回位，形成连续拍按球动作

手指插入球网内更有利于手与球的结合

附“小篮球活动之拍按球”教案

班级：一年级

教材内容	1. 小篮球活动：拍按球 2. 游戏：星球大转移				
教学目标	1. 能够知道小篮球拍按球的动作要领，明确连续拍按球的技术特点 2. 80%以上的学生能够做出连续拍按球上部较好控球的动作，提高控球能力，发展灵敏、协调与柔韧素质 3. 体验学习小篮球拍按球带来的快乐与成功感，培养乐于参与体育活动的态度和行为，养成积极参与体育活动或比赛的习惯				
教学过程	教学内容	次数（次）	时间（分）	组织教法及要求	教育内容与方法
开始部分	一、课堂常规 1. 体委整队报告人数 2. 师生问好，宣布内容 3. 检查服装，安排见习生 二、队列练习 1. 快快集合 2. 原地转法	1 1	3至4	（组织队形：四列横队）  （要求：集合快、静、齐，转法方向正确）	培养良好的组织纪律性，养成良好的队列素养

（续表）

准备部分	一、韵律拍手操	1 4×8拍	5至6	组织队形：四列横队 教师引导学生集体进行韵律拍手操练习 （要求：动作用力到位、掌声整齐）	充分活动，展示学习成果
	二、热身小游戏：找朋友	1		教师带领学生进行热身游戏 （要求：注意力集中，快速找到朋友） （设计意图：培养一年级新生乐于通过体育活动展示自己的自信心，通过游戏充分热身，并为主教材的分组学习做好铺垫）	培养学生间的友谊
基本部分	一、小篮球活动：拍按球 1. 方法 膝微屈，抬头，五指张开，手心空出，有节奏地拍按球的上部 2. 教学重点 拍按球的上部 3. 教学难点 连续拍按较好控球	3至5		组织队形：四列横队 1. 教师引导学生原地蹲姿体会小篮球的推、拨、拉、绕、钻等动作 （设计意图：通过多种方式的玩球让学生熟悉球性，提高手对球的控制感）	体验、感悟手对球的控制
		2至3		2. 教师引导学生复习小篮球拍按球动作，提示拍按球位置，利用吊球纠正学生的拍按球位置，引导学生连续运球 （设计意图：温故知新，加深学生对已学动作的记忆，提高小篮球拍按球技术水平）	认真练习，温习旧知
		2至3		3. 教师引导学生进行小篮球拍按球比赛（巩固小篮球拍按球动作，规定个数，比一比谁拍按球的速度最快）	积极参与，勇于争先

（续表）

基本部分				（设计意图：通过比赛激发学生参与学练的积极性，引导学生初步学会小篮球拍按球的正确部位，能够做到连续拍按，较好控球）	
		1至2	19至20	4. 教师引导学生进行动作展示，学生给予评价。 （设计意图：帮助学生再次建立正确的动作概念，通过评价明确本课学练的重难点）	认真观察，勇于评价
		2至3		5. 引导学生进行小篮球拍按球比赛（巩固小篮球拍按球动作，在规定时间内比一比谁拍按球的次数最多） （设计意图：通过变换比赛形式再次激发学生的学练兴趣，提高学生的控球能力）	体验感悟动作，认真学习
		2至3		6. 教师引导学生2人一组，进行连续拍按球挑战赛 （设计意图：增加练习难度，激发学生的挑战欲望，提高学生的控球与默契配合能力）	积极参与，获得体验与成功感受
		1至2		7. 教师引导学生3～4人一组，进行连续拍按球挑战游戏 （设计意图：增加游戏难度，激发学生合作精神与配合能力，为小篮球传、接球做好铺垫）	互助学习，提高技能
		1至2		8. 教师引导学生进行花式拍按球挑战赛。 （设计意图：拓展学生思维，提升小篮球拍按球的创新能力）	勇于创新，提升技能
		1		9. 教师小结	

（续表）

基本部分	二、搬运类游戏：星球大转移 比赛采用2人结组的方式进行。将学生共分为8个小组参加比赛。比赛开始后，每组学生逆时针去前一组取球，每人每次只能取回一个，返回放在本方场地内，反复进行，规定时间内取球最多的组获胜	2至3		组织队形：四列横队 1. 教法 (1) 教师讲解游戏方法与规则 (2) 教师组织学生进行比赛并裁判 (3) 教师参加比赛 (4) 教师小结游戏 2. 规则 (1) 必须按照规定路线进行游戏 (2) 每次只能搬运一个球	积极参与，永争第一
结束部分	1. 放松舞蹈：《幸福拍手歌》 2. 回收器材 3. 师生小结，师生再见 4. 宣布下课	1	2至3	组织队形：四列横队 （要求：动作舒展，充分放松）	养成良好的放松习惯
安全措施	1. 检查场地，确保合理设计器材距离，保证学生在安全的环境中学习 2. 在准备活动中使学生充分活动身体的关节、肌肉和韧带，避免在之后的练习中受伤 3. 根据教学内容，教师随时提出注意事项				

（续表）

<table>
<tr><td rowspan="2">场地器材</td><td rowspan="2">1. 小篮球：32 个
2. 呼啦圈：12 个
3. 录音机：1 台</td><td>预计运动负荷</td><td colspan="3">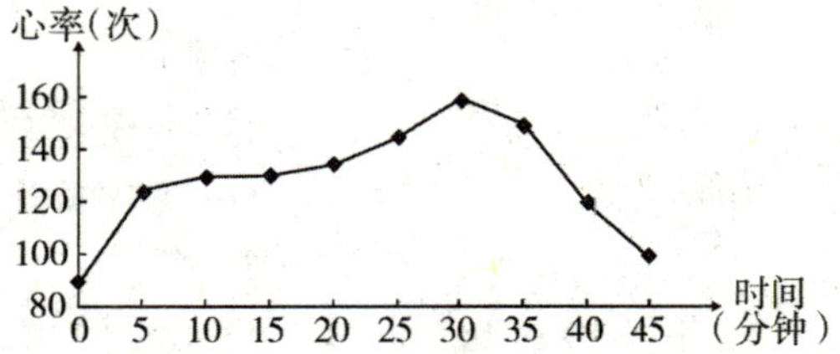
</td></tr>
<tr><td>预计练习密度</td><td>30%～35%</td><td>平均心率</td><td>125～130 次/分</td></tr>
<tr><td>课后小结</td><td colspan="5"></td></tr>
</table>

水平二

集体共研，培养学生的合作意识
——“投掷之前掷实心球”教学设计

一、指导思想

本课教学贯彻落实《中共中央国务院关于加强青少年体育增强青少年体质的意见》，并依据2011版新课标的基本理念，牢固树立了“健康第一”的指导思想。

本课教学以学生为中心，把学生放在教学的中央，重视教师的主导地位与学生的主体地位，结合三年级学生的身心特点，通过丰富多彩的游戏活动充分激发和调动了学生的学习兴趣，发展了学生的投掷能力。同时，教师在教学中重点利用小组化学习方式，培养了学生的人际交往能力与合作意识，增强了学生的集体荣誉感和团队凝聚力。

二、教材分析

投掷是人体的基本运动能力之一，本课教学内容与学生的生活与身心发展有着密切的联系。关于投掷，小学阶段的教学内容多为投掷轻物、沙包、垒球或实心球，而处于三、四年级水平二阶段学生的教学内容为投掷沙包和实心球。根据三年级全年教学计划，本学期的教学重点以学习投掷实心球为主，故本课以提高前掷实心球能力为教学内容，并且打算让学生通过本学期三个课时的学习，初步学习前掷实心球的动作方法。待学生的力量素质提高后，我们将在四年级教学中进行本项技术的巩固和提升。

前掷实心球的动作要点是屈肘后仰，蹬地收腹，向前挥臂，协调用力。本课教学有利于提高学生的上下肢力量和身体灵敏、协调的素质，发展学生的投掷能力。但教师一定要注意先教授学生如何持球，因为只有持好球才能更好地发力，才会减少球脱手造成的失误，投出有效成绩。此外，现阶段学生的上肢肩带力量明显不足，在开展本项教学内容前一定要带领学生做好充分的准备活动，避免练习时因用力过大造成损伤。

本项技术的发力方法是双手持球从体前后摆至背弓制动，然后两腿蹬地发力，收腹，快速挥臂，当球运行至头前上方时出球，后腿随重心前移落步缓冲。关于本项技术，三年级学生易犯错误多为不明确动作的发力顺序，不会两腿蹬地发力，出球时低头，不能做出前上方出球动作，动作连贯性不足，等等。教师在教学中需要重点关注，安排合理的教法学法来解决学生学习中遇到的困难，提高学生前掷实心球的动作水平。

由于三年级学生的骨骼和肌肉正处于生长期，灵敏、协调、速度素质发展得较快，柔韧和力量素质发展得略显缓慢。投掷一千克的实心球对于女生和身体素质不好的男生而言略显吃力，教学中教师要重点关注和科学安排运动负荷，避免学生由于身体素质不良出现损伤。同时，在教学中可以根据学生的身心特点，设计并安排既安全又有趣的比赛和游戏，从而调动学生的学习兴趣，激发学生的练习热情，提高学生的专项力量和投掷技术，发展学生的投掷能力。

关于投掷这一教学内容，随着学生年级的提升，教学的难度也会随之加大，投掷的距离要求也会相应提高。希望通过本次教学，学生能够较好地掌握技术动作，为今后水平三相关内容的学习打下基础。

三、学情分析

1. 分析学情，以学定教

学生不仅是教学对象，更是学习主体。教师的教要紧紧围绕着学生的学，所以“以学定教”成了教学的方向。教师在教学前一定要深入了解学生现有的学习情况、知识基础、运动能力等，这有利于教师更好地制订教学目标，选择教学的重难点，科学地选择和运用教法与学法，形成科学合理的教学进程，促进学生学习效果的全面提升。

在本课教学前，为了深入了解和分析本次教学对象的各项情况，我准备对本班学生的综合情况，如身体柔韧、协调、灵敏素质，运动能力以及投掷能力进行一次全面系统的统计与分析，为本课教学的顺利开展打下基础。我采取的调查方式有询问法、谈话法、成绩分析法等，希望由此来深入了解和细致分析，为保证学生顺利地学习本课教学内容打好基础。

2. 学生体质调研

本次授课对象是我校三年级（2）班的学生，本班现有 32 人，男生 19 人，女生 13 人。本班虽然没有免体生，但有一名身患癫痫需要特殊关注的女生。本班学生大多数来自学校周边商务区，还有部分外籍华人。学生的生活条件优越，上下学多为车接车送，很少步行，业余体育锻炼也比较缺乏，多数学生身体素质仅处于良好状态。但是，本班学生继承了清华学子的优良作风，养成了良好的体育习惯，课上能够严格遵守纪律，主动参与体育课程的学练活动，能够积极思考、互助互学，有着良好的学风，课堂学习氛围良好，这些为本课教学的顺利完成提供了保障。

我对本班学生 2013 年的体质测试标准成绩做了分析，具体情况如下。

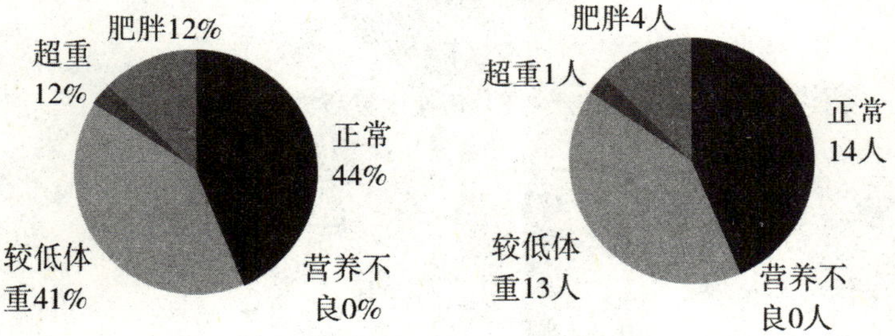

2013 年三年级（2）班学生体质测试之体重

2013 年三年级（2）班学生体质健康标准测试成绩统计表

项目 等级	柔韧力量类项目（人）	速度灵巧类项目（人）	总成绩（人）
优　秀	19	4	9
良　好	8	11	18
及　格	5	13	4
不及格	0	4	1

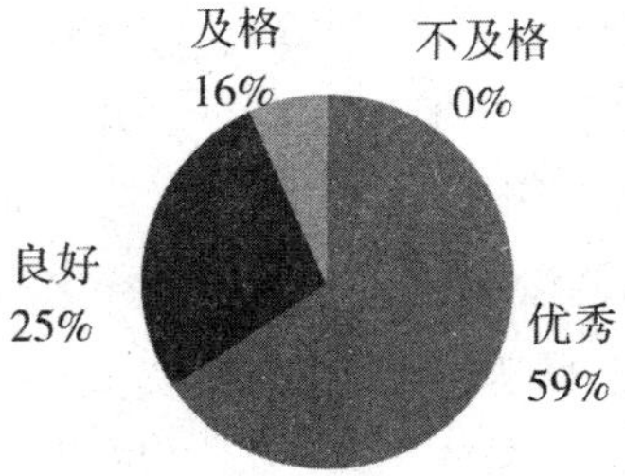

2013 年三年级（2）班柔韧力量类项目分析

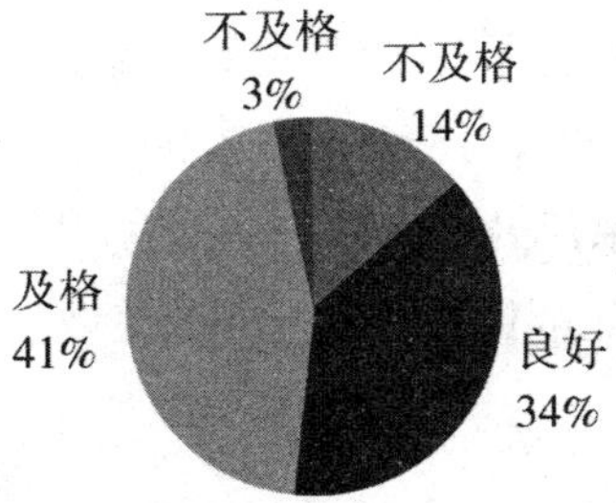

2013 年三年级（2）班速度灵巧类项目分析

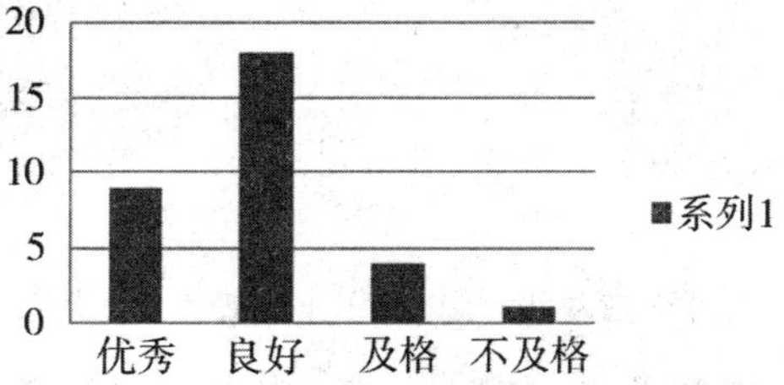

2013 年三年级（2）班学生体质健康标准测试总成绩分析

通过对三年级（2）班学生 2013 年体质健康标准测试成绩统计和分析可以得出，本班大约有 27 人即 84.4%的学生身体素质处于优良水平，12.5%的学生身体素质处于合格水平，3.1%的学生身体素质处于不合格水平。由此可见，在本课教学时，教师要注意关注学生的个体差异与不同需求，确保每一位学生都受益，教学中还要重点关注身体素质不足、运动能力不强，以及肥胖的学生，给予他们更多的指导和关爱，帮助他们树立学习的信心，努力提升他们的投掷能力。

从学生的柔韧力量类素质来看，84%的学生具备很好的柔韧素质，为本课的学习提供了条件，另外还有 16%的学生的柔韧素质较差。教师要在授课前带学生进行充分热身，充分活动关节和肩带肌肉，避免课上学生发生损伤。同时，教师要保证学生在本课的学习中初步做出蹬地有力、快速挥臂的前掷实心球动作。在教学过程中，教师还要通过多种游戏来激发和调动学生的学习兴趣，保证学生能够积极主动地进行前掷实心球的学习。

就速度灵巧类素质来看，46.5％的学生能够达到优良水平，腿部力量较强，能够为本课前掷实心球动作的学习提供条件；余下的53.5％的学生需要在练习中适当开展放松活动，以调节自身疲劳状态。另外，可通过小组化学习和游戏化教学提高学生的学练兴趣，增强学生的学习主动性。

为了更进一步了解学生的情况，我将关注重点放在了肥胖生和需要特别关注的学生身上。通过统计分析得出，本班共有肥胖生4人，其中包括男生2人，女生2人。这一情况增加了本次课教学的难度。教师要在教学中多加关注、指导和鼓励这类学生，帮助他们通过自己努力和同伴的帮助完成本课的学习任务。另外，对于身患癫痫需特殊关注的学生，教师在教学中要给予细心呵护和精心照顾，科学地调整其运动负荷，避免由于过量的运动刺激、诱发其病症，影响其身体健康。

3. 明确学生优势与不足，深入分析，科学安排

本班学生的优势在于组织纪律性严明，班级凝聚力强，班风正能量充足，学生具备优秀的意志品质和体育精神，多次被评为学校的优秀班集体，这为本课的教学提供了强有力的精神支撑。但本班学生的运动能力正处于一个快速成长期，大多数学生的柔韧力量类素质明显不足。教师要在教学中建立学生的自信心和自强心，通过小组化学习的开展，提升学生的合作精神与团队荣誉感，让学生在集体的智慧和团队合作中努力学会本项技术，获得成功的喜悦。

四、教学目标

（1）知道前掷实心球的动作要领，明确安全进行投掷项目学习的重要性。

（2）80％以上的学生能够做出蹬地有力、快速挥臂动作，能够较好地做出眼看出球方向的动作，提高上下肢的协调发力能力，发展灵敏、协调等素质。

（3）体验学习前掷实心球带来的快乐与集体荣誉感，培养良好的体育精神与优良的思想品质。

五、单元计划

<table>
<tr><td>教学内容</td><td colspan="2">前掷实心球</td><td>授课年级</td><td>三年级</td></tr>
<tr><td>教学目标</td><td colspan="4">1. 明确前掷实心球的动作要领，知道动作的发力顺序，明确前上方出球的重要性
2. 初步掌握前掷实心球的动作方法，提高上下肢力量，发展灵敏、协调等素质
3. 体验学习投掷项目带来的快乐，培养集体主义精神与互帮互助的优良品质</td></tr>
<tr><td>课次</td><td>重难点</td><td colspan="3">主要教法措施</td></tr>
<tr><td>1</td><td>重点：蹬腿有力、快速挥臂
难点：眼看出球方向</td><td colspan="3">1. 进行安全教育，提出本课练习要求，保证学生安全地进行前掷实心球的学习
2. 示范并讲解前掷实心球的持球方法和动作方法，提示本课学习的重难点与评价要点，引导学生认真观察，主动思考，记忆动作要领
3. 引导学生集体徒手模仿动作，体验与感悟前掷实心球动作
4. 引导学生利用小足球进行“流星雨”的游戏，提示学生眼看出球方向，观察球的运动轨迹
5. 引导学生利用跳箱盖，进行前掷小足球的动作练习
6. 引导学生进行前掷实心球“打靶得分”游戏
7. 引导学生进行动作展示，学生给予评价
8. 引导学生进行“星球大战”游戏
9. 小结</td></tr>
<tr><td>2</td><td>重点：前上方出球
难点：全身协调用力</td><td colspan="3">1. 引导学生复习前掷实心球的徒手动作
2. 组织学生利用小足球进行“流星雨”的游戏，提示学生眼看出球方向，观察球的运动轨迹
3. 引导学生进行前掷实心球“打靶得分”游戏
4. 引导学生利用墙面标志区进行前掷实心球练习
5. 引导学生利用小垫子进行“攻城”游戏
6. 引导学生进行动作展示，学生给予正确评价
7. 引导学生集体进行“前掷得分”游戏
8. 小结</td></tr>
</table>

（续表）

3	重点：动作连贯 难点：气息配合，快速出球	1. 引导学生集体进行“前掷得分”游戏 2. 引导学生利用不同高度的气球进行双手前掷出球点击打气球游戏 3. 引导学生分组进行前掷实心球比远游戏 4. 引导学生分组进行动作展示，学生间相互评价 5. 引导学生进行组间前掷实心球对抗赛 6. 小结

六、学习效果评价

自我学习效果评价：能够自主参与学练活动，能够在学习中给予同伴帮助，并能够及时对同伴动作给予评价。

学生学习效果互评：组织学生对彼此之间的互助合作、相互指导等方面进行评价，培养学生的合作意识与良好学习习惯。

教师对学生学习效果的评价：教师在教学的过程中，应以激励和表扬为主，树立学生学习的自信心，鼓励学生努力完成本课学习任务，达成本课的教学目标。

技能评价标准如下所示。

技能评价标准

金　牌	银　牌	铜　牌
能够很好的做出蹬地有力、快速挥臂动作	能够较好做出蹬地有力、快速挥臂动作	能够基本做出蹬地有力、快速挥臂动作

三年级学生体能测试参考量表如下所示。

评价等级	前掷实心球（米）	
	男	女
优　秀	5.5 以上	4.6 以上
良　好	4.8～5.49	4.2～4.59
及　格	4～4.79	3.8～4.19

七、本课教学设计特点

1. 游戏化教学，突破本节课的重难点

本课进行了游戏化教学设计，激发和调动了学生的学习兴趣，提高了教学实效性，促进了教学效果的提升。通过教师的引导与组织，学生通过参与、体验、感悟和身体练习，突破教学的重难点，逐步学会前掷实心球的动作方法。

2. 创新性地使用器材，促进教学效果的提升

将彩球游戏引入课堂，不仅能够将其作为准备活动，而且能够将彩球作为投准的器材。跳箱盖的使用提高了学生前掷实心球时蹬地发力的作用力效果，突破了教学的重点，为达成本课教学目标起到了重要的促进作用。

附："投掷之提高前掷实心球能力"教案

班级：三年级

<table>
<tr><td>教材内容</td><td colspan="5">1. 投掷：提高前掷实心球能力
2. 游戏：履带战车</td></tr>
<tr><td>教学目标</td><td colspan="5">1. 知道前掷实心球的动作要领，明确安全进行投掷项目学习的重要性
2. 80%以上的学生能够做蹬地有力、快速挥臂动作，能够较好地做出眼看出球方向的动作，提高上下肢的协调发力能力，发展灵敏、协调等素质
3. 体验学习前掷实心球带来的快乐与集体荣誉感，培养良好的体育精神与优良的思想品质</td></tr>
<tr><td>教学过程</td><td>教学内容</td><td>次数(次)</td><td>时间(分)</td><td>组织方法与要求</td><td>教育内容与方法</td></tr>
<tr><td>开始部分</td><td>一、课堂常规
1. 体委整队报告人数
2. 师生问好，宣布本课内容</td><td>1</td><td>3</td><td>组织队形：四列横队
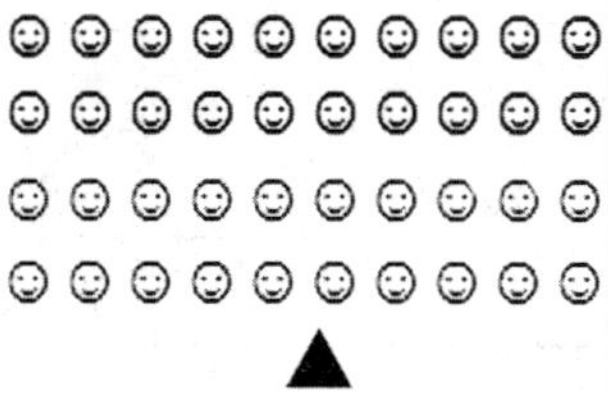</td><td>培养良好的组织纪律性，并养成良好的队列素养</td></tr>
</table>

（续表）

开始部分	3. 检查服装，安排见习生 二、队列练习 1. 齐步走—立定 2. 跑步走—立定	1		集合快、静、齐，精神饱满 （要求：精神饱满，队列整齐）	
准备部分	一、热身游戏：彩球飞扬	1	5	组织队形：正方形队  教师引导学生集体进行热身游戏 （要求：充分参与，共获成功）	充分热身 集体凝聚
	二、专项准备活动 1. 肩绕环 2. 腰绕环 3. 膝绕环 4. 踝腕绕环	4×8拍	2	教师组织学生进行专项准备活动练习，为接下来的学习打好基础 （要求：动作用力，充分活动）	充分活动 避免损伤
基本部分	一、前掷实心球 1. 方法 两脚前后开立，两臂屈肘，两手持球于头上；上体稍后仰，然后两脚用力蹬地、收腹、甩臂，			组织队形：正方形队 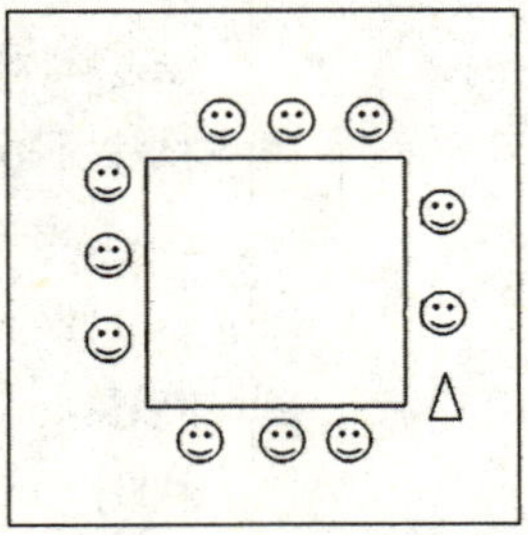	

（续表）

基本部分	将球从头后向前上方抛出 2. 教学重点 蹬地有力、快速挥臂 3. 教学难点 眼看前上方出球	1	1	1. 教师进行安全教育，提出本课练习要求，保证学生安全地进行前掷实心球的学习 （设计意图：本班学生初次接触本项活动，为保证学生的练习安全、养成良好的体育学习习惯打下基础）	安全练习 责任重大
		2	2	2. 教师示范并讲解前掷实心球的持球方法和动作，提示本课学习的重难点与评价要点，引导学生认真观察、主动思考，记忆动作要领 （设计意图：帮助学生在头脑中建立一个前掷实心球的正确的动作概念，明确持球方法，知道本课学习的重难点与评价标准，为学生有效学习打好基础）	仔细观察 认真倾听 深刻记忆
		4至6	2	3. 教师引导学生集体徒手模仿动作，体验与感悟前掷实心球动作 （设计意图：徒手模仿体验是体育教学的主要教学手段，能够通过形象记忆和肢体感受，建立正确的动作发力顺序和概念）	体验感悟 肢体感受
		3至4	2	4. 教师引导学生利用小足球进行“流星雨”的游戏，提示学生眼看出球方向，观察球的运动轨迹	积极参与 获得体验

（续表）

基本部分				（设计意图：通过前掷小足球的练习，提升身体感受，学习难度逐渐加大，不但增强了肢体感受，又隐性地突破了眼看前上方出球的技术难点，同时也通过游戏提高了学生的学习兴趣）	
		3至4	2	5. 教师引导学生利用跳箱盖，进行前掷小足球的动作练习 （设计意图：学生进行分组练习，重点体会蹬地有力和快速挥臂的动作，利用跳箱盖来增强蹬腿的动作感受，在同伴的帮助、提示下加深对快速挥臂的动作概念的理解，提升前掷实心球的技术动作水平）	合作互学 共获成获
		6至8	4	6. 教师引导学生进行前掷实心球“打靶得分”游戏 （设计意图：器材的使用由轻到重，让学生的肢体逐步适应，并通过游戏活动再次激发和调动学生的学习兴趣，培养学生的竞争意识，巩固提高技术动作水平）	主动参与 积极练习
		1至2	1	7. 教师引导学生进行动作展示，学生给予评价 （设计意图：提高学生的表现欲望和展示能力，再次在学生的头脑中建立一个正确的动作定向，培养学生的评价能力）	榜样作用 信心倍增

（续表）

		6至8 1	4 1	8. 教师引导学生进行“星球大战”游戏 （设计意图：再次激发和调动学生的学练热情，巩固提升学生前掷实心球的技术动作水平） 9. 教师小结 （设计意图：让学生了解本课学习情况，明确下次课练习重点）	激情游戏 乐练其中
基本部分	二、课课练游戏：快速反应跑	3	2	组织队形：正方形队 1. 教法 （1）教师讲解游戏方法和规则 （2）教师参与学生游戏并裁判 2. 规则 不得发生身体接触	素质练习 坚持不懈
	三、游戏：履带战车 将学生分成人数相等的两队。比赛开始后每队同学站在“履带”内，按照指定的路线采用手脚并用的方式集体前行，先到达终点的队获胜	2至3	6	组织队形 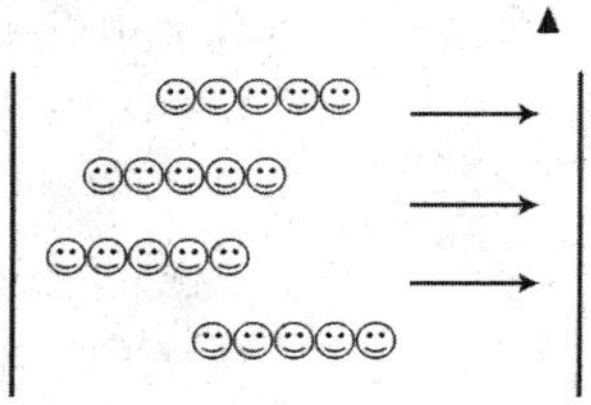 1. 教法 （1）教师讲解游戏方法与规则 （2）教师组织学生进行比赛并裁判 （3）增加比赛难度，再次比赛 （4）教师小结 2. 规则 （1）按照规定的路线前行 （2）参赛队员的脚不得离开“履带”	团结协作 共获成功

（续表）

<table>
<tr><td>结束部分</td><td>1. 放松舞蹈：自编校园集体舞
2. 师生小结
3. 宣布下课
4. 师生再见，回收器材</td><td>1</td><td>3</td><td>组织队形

要求：动作优美、舒展、放松</td><td>养成良好的放松习惯</td></tr>
<tr><td>安全措施</td><td colspan="5">1. 检查场地，确保合理设计器材间距离，保证学生在安全的环境中进行学练活动
2. 在准备活动中充分活动身体的关节、肌肉和韧带，避免在之后的练习中受伤
3. 根据教学内容，教师随时提出要求和注意事项</td></tr>
<tr><td rowspan="2">场地器材</td><td rowspan="2">1. 实心球：32个
2. 小足球：32个
3. 跳箱盖：4组
4. 网绳：1个
5. 呼啦圈：4个
6. 小垫子：4个
7. 瑜伽球：4个
8. 录音机：1台</td><td>运动量曲线预计</td><td colspan="3">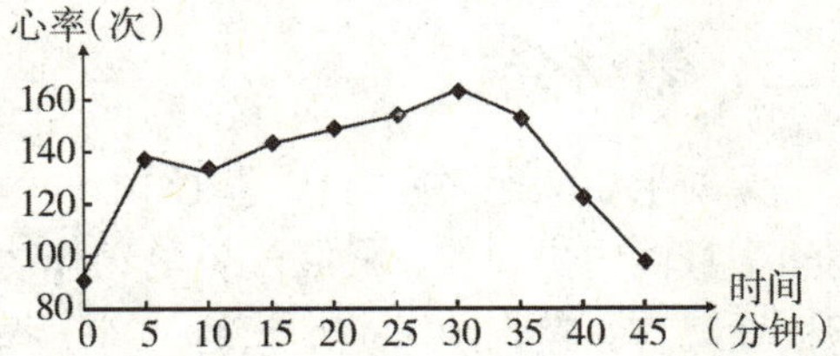
</td></tr>
<tr><td>预计练习密度</td><td>25%～30%</td><td>**平均心率（次/分）**</td><td>130次/分</td></tr>
<tr><td>课后小结</td><td colspan="5"></td></tr>
</table>

及时鼓励，让学生体验成功

——“技巧之跪跳起”教学设计

一、指导思想

本课依据2011版新课标，坚持“健康第一”的指导思想，参照水平二的体操教学内容，结合我校三年级学生的特点进行设计。本课教学结合素质教育的要求，关注学生个体，落实因材施教，目的是在全面提高学生身体技能的基础上，培养学生自主学习、合作学习的优良品质。

本课教学中，教师还遵循养护与锻炼并重的教学原则，分别从开始、准备、基本、结束四个环节出发进行了精心的课堂设计，促进了学生的健康成长，为学生的有效学习打下了基础。

二、教材分析

本课的主要学习内容为技巧动作中的跪跳起动作。跪跳起动作有利于提高学生身体的协调性，发展学生的动作协调配合能力，对此，学生的学习积极性很高。经常练习跪跳起动作对于提高学生的腰腹肌力量和身体的协调性都有良好的作用，还可以帮助学生培养坚强的意志和克服困难的精神。同时，同学间的互帮互学和互相促进，有利于学生体验展示自我与合作学习的乐趣。

三、学情分析

水平二的学生正处于身体发展的关键阶段，活泼好动，对新鲜事物充满好奇心且善于模仿，有较强的参与欲和表现欲。但由于本阶段学生身体的协调性不强，掌握这项技术存在一定的困难，因此教师对教、学、练过程的设计要有一定的坡度和梯度，所用的教学方法要有明确的指向性。

四、教学目标

（1）通过本次课学习，知道跪跳起的动作要领，明确安全练习的重要性。

（2）80%以上的学生能够初步学会连贯的跪跳起动作方法，提高上下肢协调配合的能力，发展力量、灵敏及协调素质。

（3）激发自主学习、合作学习的热情，培养团结协作、积极向上的体育精神。

五、教学重难点

（1）教学重点：提腰、展髋动作连贯。

（2）教学难点：摆臂、压垫协调配合。

六、单元计划

<table>
<tr><td>教学内容</td><td colspan="2">跪跳起</td><td>授课年级　三年级</td></tr>
<tr><td>教学目标</td><td colspan="3">1. 知道跪跳起的动作方法，明确安全练习的重要性
2. 初步学会跪跳起的动作方法，提高身体的协调性与平衡感，发展上下肢及腰腹力量
3. 体验参与技巧学习带来的乐趣，培养小组共同讨论、练习的习惯和相互帮助的优良品质</td></tr>
<tr><td>课次</td><td>教学任务</td><td>重难点</td><td>主要教法措施</td></tr>
<tr><td>1</td><td>提腰、展髋、摆臂、压垫</td><td>重点：提腰、展髋动作连贯
难点：摆臂、压垫协调配合</td><td>1. 做完整示范，讲解动作方法，提示重难点
2. 带领学生在小垫子上进行原地跪立摆臂练习
3. 带领学生进行原地跪跳起练习，然后进行分组，采用两人一组进行由低向高跪跳起练习
4. 指导学生利用木箱进行跪跳起练习（50cm）
5. 指导学生增加一层小垫子在木箱上进行跪跳起练习（30cm）
6. 引导学生在小垫子上进行跪跳起练习
7. 引导学生进行跪跳起动作展示
8. 学生在小垫子上进行完整动作练习，为能力较强的学生巧用小垫子增加练习难度，提高其跪跳起的水平
9. 师生小结</td></tr>
</table>

（续表）

2	伸膝、展髋、两臂摆动	重点： 伸膝展髋、提腰用力、摆动手臂制动 难点： 两臂摆动与髋关节弹性屈伸协调配合	1. 出示跪跳起图示，激发学生的学习兴趣 2. 指导学生进行跪跳起摆臂动作练习 3. 引导学生两人一组进行摆臂触手练习 4. 引导学生进行跪跳起动作练习 5. 引导各组学生进行动作展示 6. 组织学生进行小组比赛 7. 师生小结
3	提膝、摆腿、落地平稳	重点： 提膝迅速、摆腿快 难点： 双脚落地平稳	1. 引导学生进行动作展示，学生评价 2. 引导学生进行膝关节磕踢毽子游戏 3. 引导学生进行夹包游戏 4. 引导学生进行跪跳起动作练习 5. 引导学生进行木箱上跳下保持平衡游戏 6. 引导学生进行跪跳起动作展示 7. 师生小结
4	动作连贯、优美	重点： 动作连贯、轻松、协调、优美 难点： 落地平稳	1. 引导学生进行动作展示 2. 引导学生进行动作考评 3. 公布成绩并进行小结

七、教学效果评价

自我学习效果评价：能够自主参与跪跳起的学习，并能够对同伴的动作给予正确评价。

学生学习效果互评：组织学生通过练习、游戏、比赛等活动，对彼此之间的互助合作、鼓励与支持等方面展开评价，帮助能力不足的学生提高自信心，帮助他们从不同程度上得到提升。

教师对学生学习效果的评价：教师在教学过程中，应以表扬和鼓励为主，帮助学生树立信心，完成本课教学目标，达到较好的教学效果。

具体技能评价标准如下所示。

优秀	良好	合格
完成动作质量好；姿势正确，动作连贯、轻松、协调、优美	完成动作质量较好；姿势较正确，动作轻松、协调	能完成动作；姿势基本正确，动作不够轻松、自然、协调

八、安全措施

（1）场地布置合理安全，游戏时教师应参与游戏并全面观察，及时控制场面，并以语言多次提示学生注意安全。

（2）引导学生重视自我安全及同伴安全，提高学生的自我保护意识。

（3）至于偶发事件，教师要做到及时、准确、冷静处理。

九、教学设计特点

1. 循序渐进地进行教学，以使教学效果达到最佳

教师首先通过激趣比赛引出学习内容；其次利用高度为50厘米的跳箱盖降低学生的学习难度，让学生体验跪跳起的提腰、展髋动作；随后增加练习难度，用小垫子将落地的高度从50厘米减少至30厘米，这需要学生提高摆臂及压垫协调配合的能力；接着再次增加练习难度，让学生在大垫子上进行练习，需要学生进一步提高提腰、展髋动作与摆臂、压垫协调配合的能力，为学生轻松学会跪跳起动作提供保障。

2. 巧用小垫子增加练习难度，提高学生跪跳起的动作水平

在教学中教师通过适度地巧用小垫子，在不同阶段不同程度地提高了练习的难度，极大地调动了学生的挑战欲望，激发了学生的学习兴趣。具体流程：首先让学生在小垫子上体会原地跪立摆臂练习；然后让学生两人一组利用两块小垫子进行由低向高地跪跳远练习；随后增加小垫子的高度，减小小垫子与木箱的高度，增加从木箱上向下的跪跳起练习的难度；最后为能力较强的学生设计了利用小垫子进行跪跳起练习的方法。如此一来从不同层次上增加了练习难度，达到了一物多用、一物巧用的效果。

附："技巧之跪跳起"教案

班级：三年级

教材内容	1. 技巧：跪跳起 2. 游戏：绕障碍接力赛			
教学目标	1. 通过本次课的学习，知道跪跳起的动作要领，明确安全练习的重要性 2. 80%以上的学生能够初步学会连贯的跪跳起动作方法，提高上下肢协调配合的能力，发展力量、灵敏及协调素质 3. 激发自主、合作学习的热情，培养团结协作、积极向上的体育精神			
教学过程	**教学内容**	**次数(次)**	**时间(分)**	**组织教法及要求**
开始部分	一、课堂常规 1. 师生相互问好 2. 宣布教学内容 3. 检查服装，安排见习生	1	1	组织队形：四列横队 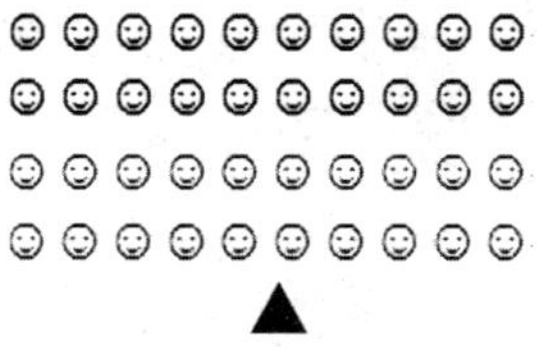
开始部分	二、队列队形练习 1. 原地转法 2. 齐步走与立定	1至2 1至2	2至3	1. 介绍本课教学内容，鼓励学生达成目标 2. 学生根据教师口令做队列练习 （要求：精神饱满，集合做到快、静、齐）
准备部分	一、武术操：旭日东升	1	2	组织队形：四列横队 学生跟音乐练习"旭日东升"武术操 （要求：动作准确到位，精神饱满）

（续表）

准备部分	二、专项准备活动 （1）头部运动 （2）扩胸与振臂 （3）腰绕环 （4）膝绕环 （5）踝腕绕环	4 × 8 拍	2	教师带领学生做专项准备活动 （要求：态度认真，动作准确有力，充分活动各关节）
	三、激趣比赛 1. 传垫比赛 2. 原地挺身跳 3. 原地挺身收腿跳 （体会展腹、顶髋）	2 至 3	2 至 3	1. 教师讲明方法和规则，学生进行传垫比赛练习 （要求：传垫速度要快，垫子不能落地上，否则视为失败，以最快完成为胜利） 2. 教师讲明方法和规则，学生跪立在垫上双手传球（体会展腹、顶宽） （要求：身体要正，传球方向准确，以最快完成为胜利）
基本部分	一、技巧：跪跳起 1. 方法 跪立，两臂斜上举，经下后摆，臀后坐，上体前倾，接着两臂迅速向前上方摆并至斜上举部位立即制动。展髋、提腰，脚背和小腿用力压垫，使身体向上腾起，迅速提膝，收腿起立 2. 教学重点 提腰、展髋动作连贯	1		组织队形  （1）教师做完整示范，讲解动作方法，提示重难点

（续表）

基本部分	3. 教学难点 摆臂、压垫协调配合 4. 保护与帮助 保护者站在练习者身后，两手扶练习者腋下或腰部，帮助其腾起	2至3 3至4 2至3 2至3 5至6 5至6 2至3 1	17至18	（要求：学生仔细观察，认真听讲） （2）教师带领学生在小垫子上进行原地跪立摆臂练习（体会摆臂臀后坐身体前倾） （3）教师带领学生进行原地跪跳远练习，然后进行分组，采用两人一组进行由低向高跪跳远练习（体会小腿和脚背压垫） （4）教师指导学生利用木箱进行跪跳起练习（50cm） （要求：以小组为单位，练习时体会摆臂压垫、展髋收腹提膝协调配合，加强自我保护） （5）教师指导学生增加一层小体操垫在木箱进行跪跳起练习（30cm）（要求：练习时注意安全和自我保护，体会动作感觉；） （6）教师引导学生在小垫子上进行跪跳起练习 （7）教师引导学生进行跪跳起动作展示 （要求：以小组为单位，练习时体会摆臂压垫、展髋收腹提膝协调配合，加强自我保护） （8）学生在体操垫上进行完整动作练习，为能力较强的学生巧用小垫子增加练习难度，提高其跪跳起的水平 （9）师生小结 （要求：练习时注意上下肢配合协调，动作连贯，团结协作，善于思考，练习时加强自我保护意识）
	二、游戏：绕障碍接力赛 将学生分成人数相等的四队，游戏开始，每队第一名同学按照规定路线跑出，绕过前方的障			组织队形：四列横队 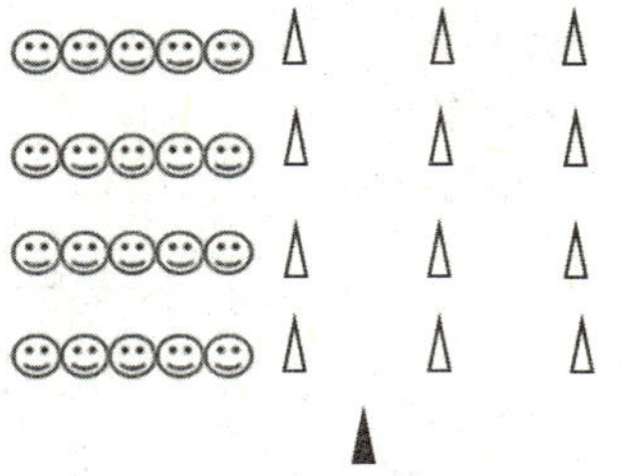

（续表）

<table>
<tr><td rowspan="1">基本部分</td><td>碍物然后返回，与同组的第二名同学交接，继续进行比赛，以此类推，先完成的队获胜</td><td>3</td><td>7至8</td><td colspan="3">1. 教法
（1）教师示范，讲解比赛方法和规则
（2）学生熟悉场地，了解规则
（3）教师组织学生进行小组接力比赛
（4）教师小结
（要求：积极练习，团结协作，严格遵守比赛规则，注意安全）
2. 规则
（1）不越线，不抢跑
（2）按规定路线跑完全程
（3）不能妨碍其他队进行比赛</td></tr>
<tr><td>结束部分</td><td>1. 放松：太极拳基本动作
2. 本课小结
本课目标完成情况
3. 宣布下课，师生之道再见，组织学生收拾器材</td><td>1</td><td>2
1</td><td colspan="3">1. 学生听音乐跟随教师做放松练习
2. 学生说说本课的收获和体会
（要求：动作优美，身心放松）</td></tr>
<tr><td rowspan="2">场地器材</td><td rowspan="2">1. 一体机 1 台
2. 小垫子 35 块
3. 踏台 8 个
4. 大垫子 6 块</td><td colspan="2">预计运动负荷</td><td colspan="3">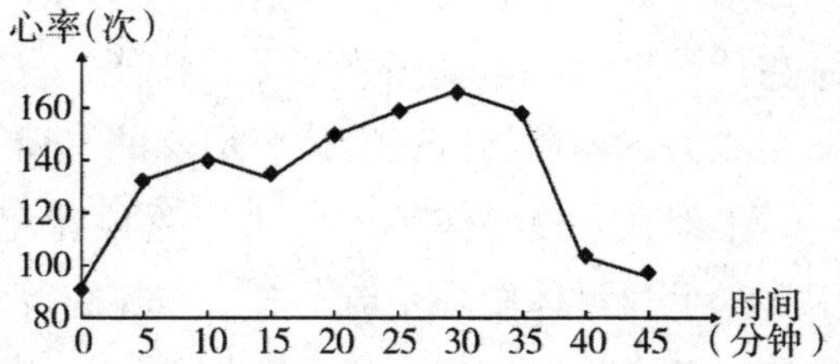</td></tr>
<tr><td colspan="2">预计练习密度</td><td>25%～30%</td><td>平均心率</td><td>110～130 次/分</td></tr>
</table>

（续表）

课后小结	

多种手段，提高学生奔跑能力

——“田径之50米快速跑”教学设计

一、指导思想

本课教学依据2011版新课标的基本理念，坚持“健康第一”的指导思想，落实我校“十二五规划”办学行动纲领，努力构建“1+X课程”育人模式，整合课程资源，进行了品德与健康课程的实践研究。教学中渗透了品德与生活、品德与社会、体育与生理、心理与生活等课程的基础知识，意在让学生学习与掌握体育运动技能，发展自身良好的心理品质、合作与交往能力，养成终身进行体育锻炼的习惯。

本课教学以身体练习为主要手段，充分利用小组化学习的教学模式，引导学生通过体验、交流、合作与探究等多种学习手段，进行50米快速跑的起跑技术的改进与学习，目的是让学生通过丰富多彩的学练手段及小组化学习去主动探究、共同研讨，获得知识，提高奔跑能力，发展快速反应能力，形成正确的跑步姿势。

二、教材分析

50米快速跑的要求是以最快速度跑完全程，其特点就是距离短，速度快，强度大。就50米快速跑而言，学生要在轻微缺氧的条件下完成较大强度的练习，其生理上表现为轻微无氧代谢。对于四年级学生而言，本项教材的学习重点是改进起跑后的加速跑技术，他们需要进一步掌握途中跑技术，以做到前后摆臂有力，后蹬充分，用最快的速度冲过终点。这一过程能帮助学生发展灵敏快速反应能力、位移速度、协调素质和一般性耐力，培养快速跑的正确姿势，提高快速奔跑的能力。

本项运动是学生在初步学会自然走与30米快速跑的基础上，需要进一步学习的重点。本课教学内容具有较高的锻炼价值和实用价值，能够为学生今后对其他项目的学习提供身体条件，并打下扎实的运动基础。教学中，教师可通过多种方式的练习、游戏和比赛，调动学生的学练兴趣，提升学生的快速跑技术，发展学生的奔跑能力，为学生养成终身体育意识打下基础。

三、学情分析

我校四年级（6）班学生能够主动参与体育课程的学习，愿意在学习中与同伴交往、合作，互助学习意识很强，并能够在课堂学习中不断挑战自我、完善自我、超越自我，具备一种永不言败的体育精神。四年级学生的肌肉和骨骼已有了较快的生长，相对于三年级学生而言身高有了明显的变化，速度、耐力、力量等方面都得到了均衡的发展，但柔韧性略有下降。所以在学生练习前，教师应适当安排一些下肢肌肉、韧带的拉伸练习，使学生的下肢主要发力肌肉、韧带和关节得到充分活动，保证学生的练习安全，避免意外事故的发生。

四、教学目标

（1）80%以上的学生能够知道50米快速跑起跑时重心前移、蹬摆结合的动作方法，明确学习快速跑与遇到危险后安全逃生的重要关系，懂得安全逃生的重要性。

（2）80%左右的学生能够做出重心前移、蹬摆结合的起跑技术动作，提高下肢力量，发展灵敏、协调素质与快速反应能力。

（3）体验小组化学习带来的成就感，培养勇敢顽强的体育精神与临危不惧、沉着应对的心理素质。

五、教学重难点

（1）教学重点：重心前移，蹬摆结合。

（2）教学难点：注意力集中，快速反应。

六、学习效果评价

自我学习效果评价：能够自主参与50米快速跑的学习，能给同伴提供正确的帮助，同时能及时给予评价。

学生学习效果互评：组织学生通过体验、练习、游戏、比赛等活动，对彼此间的互助合作、鼓励与支持等展开评价，树立学生的自信心，促使他们帮助同伴在不同程度上得到提升。

教师对学生学习效果的评价：教师在教学的过程中应以表扬和鼓励为主，适时引入奖励机制，帮助学生树立榜样，增强学生学习信心，达成本课教学目标。

技能评价标准如下表所示。

优　秀	良　好	继续努力
注意力集中，反应快速，主动做出重心前移、蹬摆结合的快速起跑动作	注意力集中，做出重心前移的起跑动作	注意力较集中，做出起跑动作

七、考核评价标准

男生测验成绩评定

年　级	测验项目	优　秀	良　好	合　格	待合格
一年级	30米	6″3～6″6	6″8～7″4	7″8～8″2	8″4～9″6
二年级	30米	6″0～6″3	6″4～6″9	7″2～7″8	8″0～9″7
三年级	50米	8″4～8″7	8″8～9″2	9″3～9″8	9″9～11″5
四年级	50米	8″2～8″5	8″6～9″0	9″1～9″5	9″7～11″2
五年级	50米	8″1～8″3	8″4～8″7	8″8～9″2	9″4～10″9
六年级	50米	7″8～8″2	8″3～8″8	8″9～9″3	9″5～10″5

女生测验成绩评定

年 级	测验项目	优 秀	良 好	合 格	待合格
一年级	30 米	6″4～6″7	6″9～7″6	7″8～8″5	8″6～9″9
二年级	30 米	6″2～6″4	6″6～7″2	7″4～8″1	8″3～10″3
三年级	50 米	8″8～9″1	9″2～9″7	9″8～10″3	10″5～12″3
四年级	50 米	8″4～8″7	8″9～9″3	9″5～9″9	10″1～11″9
五年级	50 米	8″3～8″6	8″7～9″1	9″2～9″6	9″8～11″5
六年级	50 米	8″1～8″5	8″6～9″0	9″1～9″7	9″9～11″3

八、易犯错误及纠正方法

1. *两臂左右摆动*

纠正方法：

（1）原地摆臂练习，重点体会以肩关节为轴前后摆动。

（2）一名学生在练习摆臂时，另一名同学提示：“前摆不过体中线，后摆肘关节内收。”

（3）利用墙壁侧立练习摆臂，限制学生肘关节外摆。

（4）三名学生一组，其中一名学生将两手掌心置于待跑学生前摆高点，另一名学生将两手掌心置于待跑学生后摆高点，限制待跑学生前后摆臂的位置。

2. *起跑反应慢*

纠正方法：

（1）让学生明白起跑的重要意义。

（2）利用突发信号跑的游戏，减少学生的反应时，提高学生的反应速度。

（3）学生背对教师，教师发出“跑”的口令后，学生做出快速反应，做出击掌或蹬摆的动作。

九、安全措施

（1）课前检查场地，清理场地上的危险物品。

（2）课上检查学生的服装、运动鞋，安排见习生。

（3）引导学生做好准备活动，帮助学生充分活动关节、肌肉、韧带，避免伤害事故的发生。

（4）教学时加大巡视指导力度并及时调控，做到组织严密。

（5）练习时观察学生表情，及时调整学生运动量，避免学生体力透支。

（6）注重因材施教，合理安排运动量。

（7）结束时注意帮助学生放松调整，使学生身心状态逐渐恢复到正常水平，为接下来其他课程的进行做好准备。

十、教学设计特点

针对本课“重心前移、蹬摆结合”的教学重点，教师巧用了小沙包这项器材，目的是固定学生前脚蹬地位置，防止学生蹬地时侧滑影响起跑效果。练习时教师安排小组中同伴给予练习者“重心前移、蹬摆结合”的口令提示，以语言刺激促使练习者做出快速的起跑的动作。

附：“田径之50米快速跑”教案

班级：四年级

教材内容	1. 50米快速跑 2. 当危险来临时：安全逃生
教学目标	1. 80%以上的学生能够知道50米快速跑起跑时重心前移、蹬摆结合的动作方法，明确学习快速跑与遇到危险后安全逃生的重要关系，懂得安全逃生的重要性 2. 80%左右的学生能够做出重心前移、蹬摆结合的起跑技术动作，提高下肢力量，发展灵敏、协调素质与快速反应能力 3. 体验小组化学习带来的成就感，培养勇敢顽强的体育精神与临危不惧、沉着应对的心理素质

（续表）

教学过程	教学内容	运动负荷		组织教法及要求	活动队形
		时间(分)	强度		
开始部分	课堂常规 1. 体委整队报告人数 2. 师生问好，教师宣布内容 3. 队列练习 （1）原地踏步走—立定 （2）齐步走—立定	1 2	小	1. 教师观察学生的精神面貌，调动学生的学习情绪 2. 教师介绍本课学习内容，对学生进行安全教育 3. 教师组织学生进行队列练习，养成良好的队列素养，形成良好的身体姿态 （要求：摆臂有力，步调整齐）	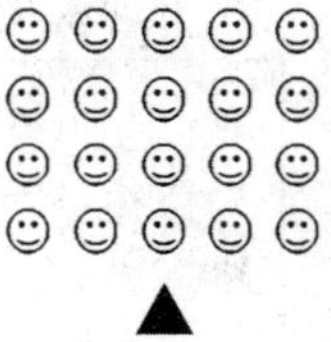
准备部分	一、运动模仿操（4×8 拍） 1. 上肢运动：自由泳、仰泳 2. 扩胸运动：射箭 3. 腹背运动：摔跤 4. 全身运动：举重 5. 下肢运动：蹲踞式起跑	2	中	教师引导学生集体做模仿操练习 （要求：认真模仿，充分热身）	
	二、专项准备活动（2×8 拍）	2	中	教师组织学生进行专项准备活动练习 （要求：动作用力到位，充分活动）	

（续表）

准备部分	1. 肩绕环 2. 腰绕环 3. 膝绕环 4. 踝腕绕环 5. 弓步压腿 6. 侧压腿 三、诱导游戏 1. 快速反应 2. 互助摆臂练习	2	小	教师组织学生进行游戏，学生积极参与认真练习 （要求：快速反应，动作协调）	
基本部分	一、50 米快速跑 1. 方法 略 2. 教学重点 重心前移，蹬摆结合 3. 教学难点 注意力集中，快速反应	15至16	中 中 大	1. 教师与学生比赛起跑，激发学生的兴趣，建立正确的动作概念 2. 教师引导学生分组体验站立式起跑同伴提示“重心前移”（距离：10 米），并讨论怎样才能提升起跑速度 3. 教师引导各组总结讨论结果，得出本课学习的重难点 4. 教师引导学生再次分组进行站立式起跑练习（距离：10 米） 5. 教师组织学生进行游戏：心手相连。教师讲解，学生示范游戏方法，组织学生进行游戏（距离：20 米） 6. 教师组织学生进行 50 米全程跑，冠军选拔赛 7. 教师小结	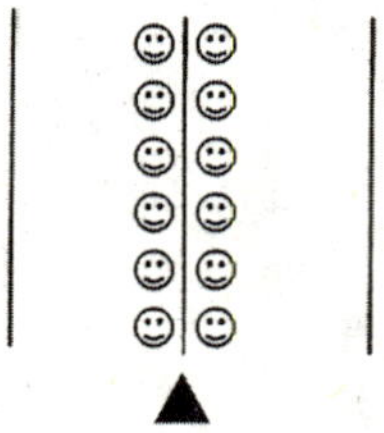

（续表）

基本部分	二、当危险来临时：安全逃生 将学生分成人数相等的四组。游戏开始后，2名学生分别从安全通道内逃生到队尾，然后搭起安全通道让其他同伴逃生，先完成的队获胜	7	中	1. 教法 (1) 教师讲解游戏方法与规则，做示范 (2) 教师引导学生体验游戏 (3) 教师做裁判，学生进行游戏 (4) 增加游戏难度，再次进行游戏 2. 规则 (1) 通道内每次只能通行2人 (2) 安全走出通道后再报告 (3) 穿行通道时不得和其他同学发生身体接触	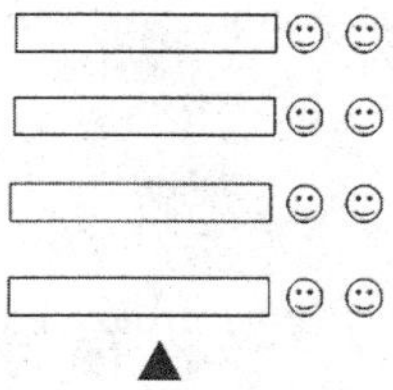
结束部分	1. 小组放松活动 2. 小组畅谈本课感受		小	1. 教师引导学生分组相互放松，感受他人给予的关爱 要求：动作轻柔，力度合适	
场地器材	略	预计运动负荷	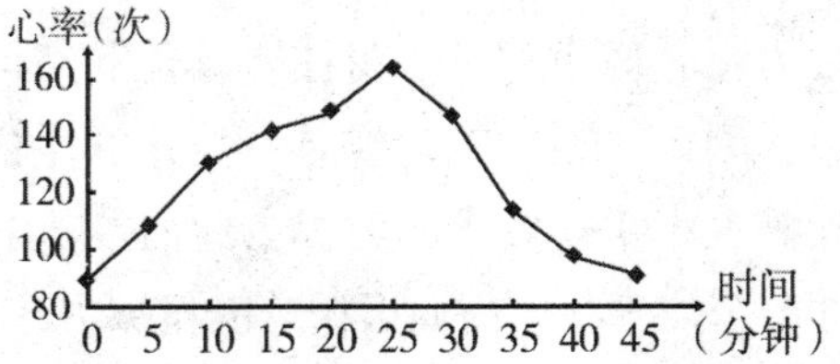 		
		预计练习密度	32%～35%		
课后小结					

水平三

合作学习，技能提升

——“投掷之后抛实心球”教学设计

一、指导思想

本课教学依据2011版新课标的基本理念，坚持“健康第一”的指导思想，旨在促进学生的健康成长。本课教学运用了体验式、探究式学习法，从让学生体验从体前向后抛球的双手直臂高点出球这一动作入手，激发学生的参与兴趣，让学生通过小组合作探究、反复体验，找到本体感觉，获取适合自己的高点出球位置。教学中，教师要注重学生的个体差异和不同需求，确保每一位学生受益。

二、教材分析

后抛实心球是一项技术性较强、教学难度较高的教学内容，对学生的腰腹力量、肩带力量、身体协调性和空间感等的要求很高，并有一定的危险性，因此，教学时，应重点强化学生的安全意识，帮助学生养成严格遵守投掷教学常规要求的习惯。此前，学生已初步掌握了正确持球的方法，初步体验了双手从体前向后抛球的投掷方法，但部分学生并没有很好地掌握双手从体前向后抛球的动作。本课教学要让学生通过体验动作，掌握双手从体前向后抛球的直臂快速和高点出球的动作技术，了解安全的动作方法。

三、学情分析

我校六年级（1）班学生身体素质较好，能够主动参与体育课程，并表现出主动与他人合作的意识。通过本课的学习，学生要知晓安全参与投掷教学习的重要性，能够主动说出在投掷练习中可能面临的危险和避免危险的方法，使学生安全地进行体育活动，体验成功带来的喜悦。

四、学习效果评价

1. 学生学习效果互评

评价内容	同伴对我说		
	很认真	较 好	有点勉强
我的学习态度			

2. 教师对学生学习效果的评价

等 级	优 秀	良 好	合 格
标准	向后抛球时动作用力顺序正确，能够完成直臂快速和高点出球动作，后抛时眼睛能够始终注视球	向后抛球时动作用力顺序较正确，能够较好地完成直臂快速和高点出球中的一个动作，后抛时眼睛能够注视球	向后抛球时动作用力顺序较正确，能够完成直臂快速和高点出球中的一个动作

五、安全措施

依据所述，应使学生增强安全意识防范能力，所以教师必须提高安全意识，从场地器材的布置上就注意安全问题。为了避免偶发事件，教师还应在教学中加大巡视力度，并以语言多次强调安全问题，做好处理突发事件的心理准备。在练习中为防止运动创伤，教师需要带领学生做好充分的准备活动。

六、教学设计特点

教师能够针对教材内容与学生年龄特点设计教学活动，主要采用了体验式、探究式教学层来处理教学内容。教师对较难的技术动作进行了加工，教学中按照“徒手模仿—持球练习—合作探究—巩固练习—后抛游戏—掌握技术”的层次，由浅入深、由易到难、循序渐进地帮助学生学习和掌握向后抛球的动作方法。学生在轻松愉快地学习氛围中不但提高和发展了运动技能，也增强了运动兴趣，真正成了学习的主人，体验到了运动的快乐。

本课主要采取合作探究的学习方式。2～3 人的模仿拦网动作练习、2 人一组的相互指导练习、3～4 人的合作探究式学习、3～4 人的合作游戏“黄球撞红球”，使学生在练习中相互提示、相互学习、相互评价、相互帮助、相互鼓励，加强了学生之间的交流，培养了学生的合作精神，提高了学生的人际交往能力，增强了学生的团队精神。

海绵球的使用降低了练习难度，使学生能初步感知直臂抛球技术；彩带的使用激发了学生的学习兴趣，使学生初步体验了后抛技术，了解了动作运行轨迹，知晓了高点出球位置；实心球的应用发展了学生的上肢力量，提高了学生的运动技能。教师通过黑板上的简笔画，让学生明确了直臂和高点出球的具体位置，提高了学生的空间定向能力，为学生学习具体动作奠定了基础；教师还将体操棒和海绵球制作成了悬吊物，使学生在纠正动作时能够通过这个教具找准个人的直臂高点出球位置，提高动作的稳定性和准确性；长沿帽的使用能够对学生的视线和出球位置进行适当的限制，引导学生在头前、眼前高点出球，保证高点出球位置。

附：“投掷之后抛实心球”教案

年级：六年级

教学内容	1. 后抛实心球 2. 游戏：看谁反应快
教学目标	1. 知道双手后抛实心球的基本动作要领，懂得安全练习的重要性 2. 初步学习双手从体前向后抛球的直臂快速和高点出球的动作技术，80%的学生能够做出高点出球的动作。发展上肢肩带肌肉力量，提高协调、灵敏素质 3. 培养人际交往能力与合作意识，激发积极参与体育活动的兴趣，养成安全参与体育活动的习惯

（续表）

教学过程	教学内容	运动负荷		组织教法及要求	德育渗透
		次数(次)	时间(分)		
开始部分	一、课堂常规 1. 队长整队 2. 报告人数 3. 师生问好 4. 宣布本课内容		1	1. 教师提要求 2. 学生主动站好四列横队	
	二、队列练习 行进间裂、并队走	1	2	1. 要求：步调整齐，摆臂有力 2. 学生练习规范的队列动作	培养学生的组织纪律性和朝气蓬勃的精神面貌
准备部分	一、持球操 1. 伸展运动 2. 体侧运动 3. 体转运动 4. 体前屈运动 5. 跳跃运动	2×8拍	3	在正方形场地组织队形	
	二、专项准备活动 1. 肩绕环 2. 腰绕环 3. 膝绕环 4. 踝腕绕环	4×8拍	2	1. 要求：动作用力、到位 2. 主动参与准备活动	培养学生良好的锻炼习惯
	三、诱导练习 1. 模仿排球比赛的拦网动作（体验直臂动作） 2. 徒手模仿向前上方抛球（体验高点出球）	3		1. 教师讲解练习方法，示范动作；学生明确练习要求与目标 2. 教师组织学生体验动作；学生集体练习	积极参与准备活动，达成安全与锻炼并重的目标，避免安全事故的发生

（续表）

基本部分	一、后抛实心球 1. 动作方法（略） 2. 重点： 直臂快速挥 3. 难点： 高点出球	1	19	1. 教师示范讲解动作方法及重难点并进行安全教育；学生认真听讲，明确动作要领	培养学生的安全意识
		2		2. 教师引导学生做徒手动作（利用丝带）；学生集体模仿、体会后抛实心球动作，明确实心球运动轨迹	培养学生的人际交往能力与合作精神
		3		3. 教师引导学生持球进行双手后抛实心球的练习；学生两人一组在教师的口令下进行练习，同伴间相互指导	培养学生善于研究积极思考的优良品质
		4至6		4. 引导学生合作探究，寻找适合自己的高点出手位置；3～4名同学合作探究，寻找高点出手位置 5. 倾听学生的研究结果；小组代表公布研究结果 6. 教师根据研究结果，组织再次练习，并给予指导；学生2人一组在教师的口令下进行练习，同伴间相互指导	培养学生勇于表现的欲望 培养学生的竞争意识
		2		7. 教师组织学生进行动作展示；学生进行动作展示，其他学生认真观察	
		3		8. 教师组织学生进行游戏“黄球撞红球”（利用辅助器械进行练习）；学生参与游戏，利用辅助器械在“玩”中巩固技术动作	
		3至5		9. 教师组织学生再次练习；学生2人一组在教师的口令下进行练习，同伴间相互指导	

（续表）

基本部分	二、游戏：看谁反应快 1. 方法 将学生安排在场地的周围。游戏开始，学生以走或跑的方法前行，教师发出停止口令后，学生迅速拿起身边的一个球举过头顶，反应慢者为失败 2. 规则 （1）必须按规定的路线前行 （2）拿球时不得与其他同学发生身体接触	1 3	6 至 7	1. 教师讲解游戏方法和规则；学生倾听教师讲解，明确游戏规则 2. 教师组织并参与游戏；学生积极参与比赛，体会游戏的乐趣	培养学生的竞争意识
结束部分	1. 放松舞蹈：《同一个世界　同一个梦想》 2. 教师小结，师生告别，下课 3. 组织学生收器材	1	3	1. 教师参与舞蹈，展现舞姿，要求动作优美、协调；学生在音乐的伴奏下陶冶美的情操，放松身心 2. 教师简单小结，宣布下课；学生倾听教师小结，了解本课自己的学习情况	培养学生的美感

（续表）

场地器材	1. 录音机：1 台 2. 实心球：26 个 3. 彩带：28 根 4. 体操棒：12 根 5. 海绵球：12 个 6. 长沿帽：6 顶 7. 胶带：50 米 8. 黑板：1 块 9. 粉笔：2 根	预计运动负荷	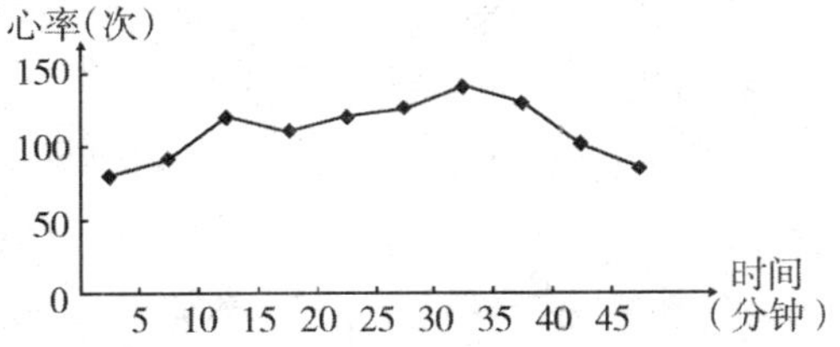
		预计练习密度	32%～35%
安全措施	1. 场地布置合理安全，游戏时教师全面观察，及时控制场面，并以语言多次提示注意安全 2. 对偶发事件教师要做到及时、准确、冷静处理		

共研共学，传承文化

——“武术基本功串联之仆步穿掌”教学设计

一、指导思想

本课教学贯彻落实了《中共中央国务院关于加强青少年体育增强青少年体质的意见》，并依据 2011 版新课标的基本理念，牢固树立了“健康第一”的指导思想。

教学中以学生为中心，重视教师主导与学生主体作用的发挥，主张充分调动学生的学习兴趣，激发学生的学习潜能，引导学生掌握武术基础知识，提高武术技能，感受中华武德与体育精神，传承中华武术文化。

二、教材分析

武术是学生比较喜爱的一项教学内容，但由于动作难度大，动作要求质量高，且精、气、神须展现得大方得体，学生提高武术技术水平非常不容易。仆步穿掌的技术动作由并步双摆掌—弓步劈掌—叉步盖掌—提膝穿掌—仆步穿掌—弓步前挑六个动作串联构成，动作的要点是上臂动作与身体动作协调配合，手法清楚，劈掌力达掌根，穿掌力达掌指，眼随手转。从手法和步法来分析：本套动作由摆掌、劈掌、盖掌、穿掌、挑掌等掌法构成，增加了学生掌法学习的难度，教师要在教学中区别每个掌法动作的异同点并详细讲解，传授技术动作，让学生明确各种掌法的发力部位和方向，做出正确的掌法动作；本套动作的步法主要有并步、弓步、叉步、仆步，这些步法的学习较好地形成了上下肢动作的统一与默契配合。

关于武术的教学，三、四年级重基本动作、基本拳术和掌法套路的学习，旨在让学生掌握一些简单的武术动作和健身方法，获得一些关于武术的精、气、神等方面的武德精神；五年级重在帮助学生进一步巩固、复习、提升武术基本功，帮助学生提高武术基本功串联与基本步型技术水平。本课教学旨在引导学生初步学会五年级武术基本功串联动作，为六年级时学生武术技能水平的巩固和提高打好基础。

本套基本功串联动作的重点在仆步穿掌上，仆步穿掌的要求是沉腰，直腿，脚尖朝前，右手不动，左手穿掌，指尖朝前，虎口向上；穿掌时，动作要穿“透”。其技术难度在于让学生感到重心的明显变化，即由提膝穿掌的高重心动作突然间变为仆步穿掌的低重心动作时，要让学生明显地感到重心变化，从而合理地控制动作幅度，懂得运用腿部力量来控制动作，避免出现仆步动作无控制状态。

对于仆步穿掌与弓步挑掌的动作过渡而言，重要的是让学生在仆步穿掌左手到左膝时，用力蹬右腿，移动重心，变成左弓步并完成挑掌动作，将这一动作的发力时机介绍给学生，让其明确这一发力时机的重要性，顺利完成两个动作的衔接。

三、学情分析

1. 分析学情，以学定教

“教学有法而教无定法”，所以教学前一定要了解学生已有的学习情况、知识基础、运动能力等，以便于准确地定位教学重难点，更加科学地选择教法和学法措施，提升教学效果。本课教学前，为了分析本次教学对象的学习情况，我打算对本班学生的人数、性别、身体柔韧度、协调素质、灵敏素质、运动能力、武术基本功知识和能力进行全面系统的统计与分析，为本课教学进程的顺利开展打下基础。我采用的主要调查方式有询问法、谈话法、成绩分析法等。

2. 了解学生实际学习情况与运动能力

本次授课学生是异地十八里店中心小学五年级（1）班学生，本班共有学生 35 人，男生 21 人，女生 14 人，无免体学生。十八里店中心小学是一所武术特色校，曾多次代表朝阳区教育委员会参加国家、市、区的武术表演活动，还曾组队远赴加拿大进行交流，具有深厚的武术文化底蕴和丰富的武术育人经验。本校学生大多来自城乡结合部，或为外地进京借读生，其身体素质较好，运动能力较强，能够在课上保持良好的学习氛围，为本课的顺利完成提供了保障。我通过该班学生 2013 年学生体质测试成绩对其基本情况进行了解与分析，情况如下。

2013 年十八里店中心小学五（1）班学生体重测试情况

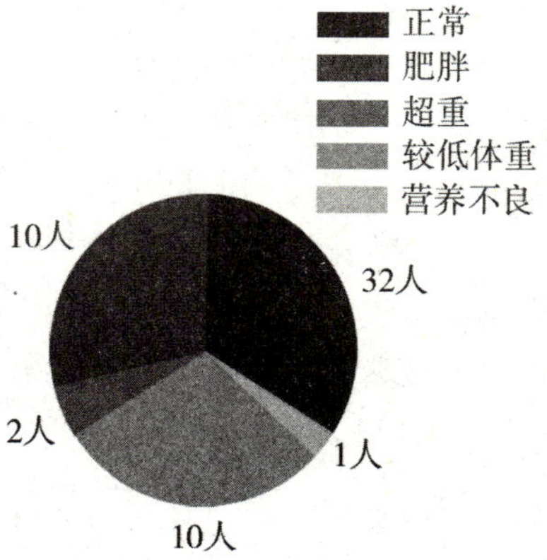

2013年十八里店中心小学五（1）班学生体质健康标准测试成绩统计

项目 等级	耐力项目（人）	柔韧力量类项目（人）	速度灵巧类项目（人）	肺活量指数（人）	总成绩（人）
优秀	15	7	5	6	3
良好	15	16	21	12	23
及格	3	10	8	14	4
不及格	2	2	1	3	5

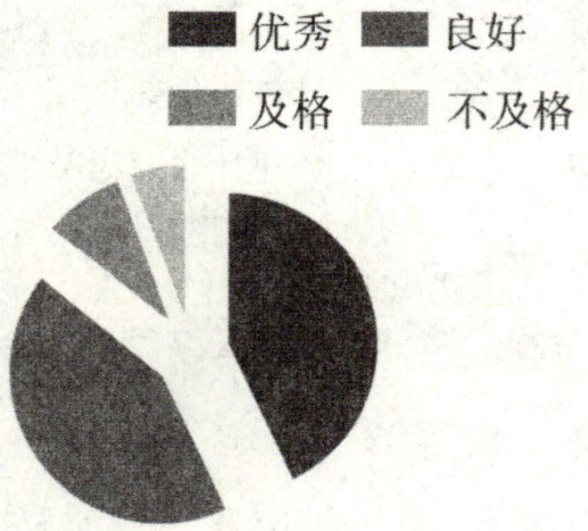

2013年十八里店中心小学
五年级（1）班学生体质健康标准
测试耐力项目分析

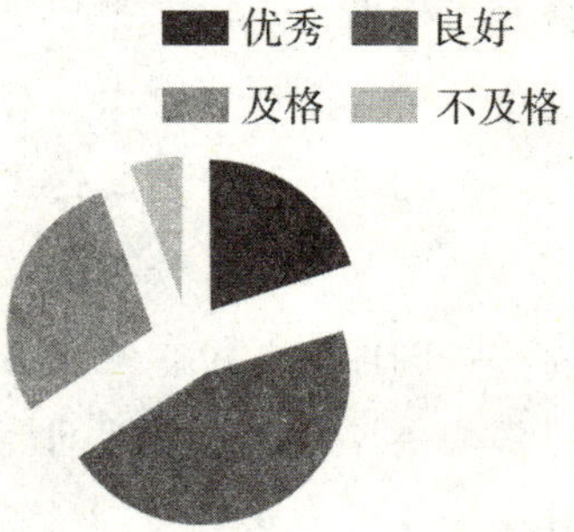

2013年十八里店中心小学
五年级（1）班学生体质健康标准
测试柔韧力量类项目分析

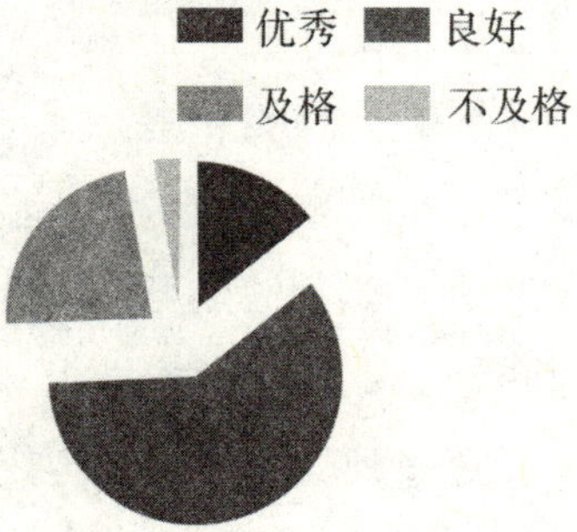

2013年十八里店中心小学
五年级（1）班学生体质健康标准
测试速度灵巧类项目分析单位（人）

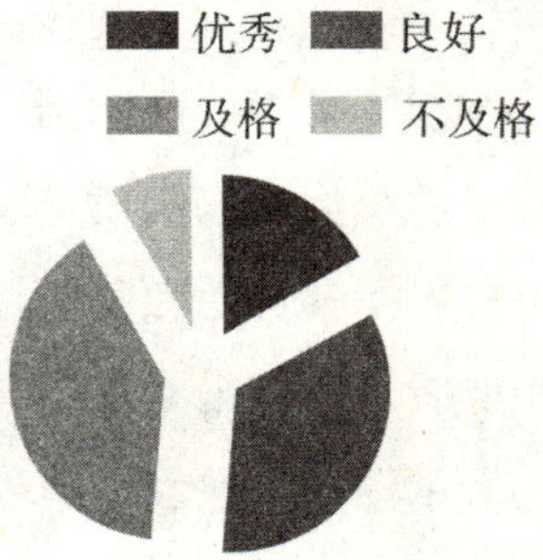

2013年十八里店中心小学
五年级（1）班学生体质健康标准
测试肺活量指数分析

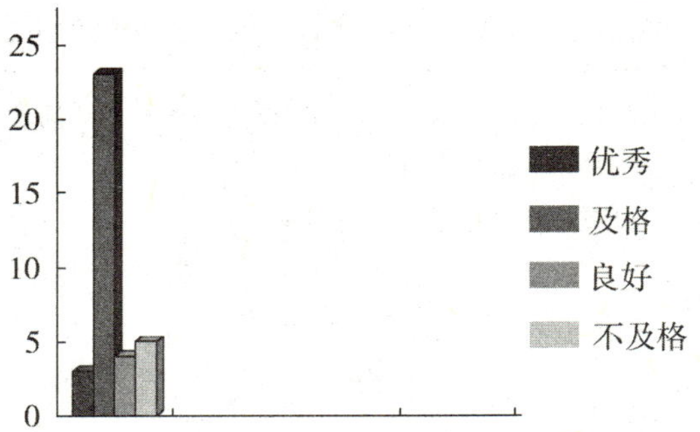

2013年十八里店中心小学五年级（1）班学生体质健康标准测试成绩分析

首先，根据十八里店中心小学五（1）班学生2013年学生体质健康测试成绩统计和分析可以得出，本班大约74.3%的学生身体素质处于优良水平，11.4%的学生身体素质处于及格水平，14.3%的学生身体素质处于不及格水平。由此可见，在本课教学时，教师要注意关注学生的个体差异与不同需求，确保每一位学生受益；还要重点关注身体素质不足的学生，给他们更多的指导和关爱，帮助他们树立学习武术的信心。

其次，从学生的耐力水平看，本班学生耐力素质处于良好的状态。85.7%的学生耐力素质处于优良水平，8.6%的学生耐力素质处于及格水平，5.7%的学生耐力素质处于不及格水平。由此可见，本班学生的耐力素质处在一个很高的竞技状态。教师在教学中可以运用灵活多变的教法引导学生学习，让学生初步学会仆步穿掌的动作方法。

再次，从学生的柔韧素质来看，65.7%学生具备很好的柔韧素质，34.3%的学生柔韧素质处于一种较低的状态，这为本节武术课仆步穿掌的学习提供了条件。教师在授课前要引导学生进行充分的热身，帮助学生充分拉伸肌肉和韧带，避免教学中发生伤害事故，保证学生能做出标准、到位的武术动作。在教学过程中，教师还应通过多种教法的综合运用来激发和调动学生的学习积极性，保证学生能够积极主动地进行武术基本功串联动作的学习。

最后，从速度灵巧类来看，74.3%的学生能够达到优良水平，腿部力量较强，为本课仆步穿掌动作的学习提供了条件；余下的25.7%的学生在练习中需要适当放松腿部，调节腿部疲劳状态。教师可以通过游戏化的教学提高学生的学练兴趣，增强学生的学习主动性。

为了更进一步了解学生的情况，我将关注重点放在了身体肥胖的学生身上，通过统计分析得出，本班共有身体肥胖的学生10人，男生8人、女生2人。这一态势增加了本次教学的难度，教师要在教学中对这类学生多加关注、指导和鼓励，帮助他们通过自己的努力和同伴的帮助来完成本课要学习的武术动作。

3. 明确学生的优势与不足，深入分析，科学安排

通过与该校的体育老师沟通，我了解到，十八里店中心小学的学生每天都会做一套自编的武术操，大多数学生武术基本功扎实、武术动作较为规范。五（1）班有8名学生在学校武术队已经习武近5年，武术功底深厚。

学校武术操中曾出现过提膝穿掌和转身劈掌的动作，而且通过学校教师前期授课，学生已经学习过“并步双摆掌—弓步劈掌—叉步盖掌”动作，对动作的掌握程度较好，但眼随手转的能力还需要提高，动作的精、气、神需要进一步加强。但对于仆步穿掌这个动作，除8名参加过武术队的学生外，其他学生从未学习过。通过问题归因，我将教学重点选在了“学生要明确动作的发力位置和动作顺序”上。教学中，教师要全面讲解动作顺序、名称、手和脚的位置等，让学生通过体验和感受找到准确的发力部位，提高学生武术动作水平。

四、教学目标

（1）能够知道仆步穿掌的动作要领，明确动作变化时控制身体移动重心的重要性。

（2）80%以上的学生能够做出沉腰、直腿的仆步动作，较好地控制身体移动重心的变化，提高腿部力量与动作控制能力，发展灵敏、协调与柔韧素质。

（3）体验学习武术项目带来的快乐与民族自豪感，培养武德精神与传承中华武术文化的优良品质。

五、单元计划

教学内容	仆步穿掌		授课年级	五年级
教学目标	1. 明确仆步穿掌的六个动作名称与动作要领，知道动作的发力位置和动作顺序 2. 通过教学初步掌握本套仆步穿掌的动作方法，提高对武术学习的兴趣，发展身体的协调性、灵敏性和柔韧性 3. 体验学习武术套路带来的快乐，培养武德精神与弘扬中华武术精神的传承意识			
课次	重难点	教学方法		
1	重点：手法清晰 难点：眼随手转	1. 示范“并步双摆掌—弓步劈掌—叉步盖掌—提膝穿掌—仆步穿掌—弓步前挑”整套动作。引导学生观察、思考动作，回忆已学过动作 2. 动作示范，引导学生集体模仿前三个动作，边做边提示动作要点。 3. 引导学生边做边说出动作名称，记忆动作要领，提示眼随手转 4. 引导学生分组进行动作练习，学生间相互指导、纠正 5. 引导学生进行动作展示，学生间相互评价 6. 引导学生进行集体动作展示 7. 教师小结		

（续表）

2	重点：沉腰、直腿。 难点：控制身体移动重心	1. 引导学生共同复习前三个动作，边做边说出动作名称，加深动作记忆 2. 示范“讲解提膝穿掌—仆步穿掌—弓步前挑”后三个动作，并提示仆步穿掌的重难点 3. 引导学生模仿后三个动作，提示动作要点 4. 引导学生利用小垫子进行游戏，主要体会仆步的沉腰、直腿动作 5. 引导学生集体进行后三个动作的练习 6. 引导学生进行动作展示，学生间相互评价 7. 引导学生 3 人一组利用跳绳进行钻绳游戏，引导学生进行弓步变仆步再变弓步练习，体会重心变化控制仆步动作 8. 引导学生进行完整动作的串联，边做边说出动作名称 9. 引导学生进行配乐的完整动作串联，边做边说出动作名称 10. 教师小结
3	重点：上下肢协调配合，力达掌、指 难点：眼随手转，精、气、神具备	1. 引导学生进行仆步穿掌完整动作的复习 2. 引导学生 3 人一组利用跳绳进行钻绳游戏 3. 引导学生分组进行练习，学生间相互纠正 4. 引导学生分组进行动作展示，学生间相互评价 5. 引导学生在音乐的伴奏下进行表演赛 6. 教师小结

六、学习效果评价

自我学习效果评价：能够自主参与学练活动，能够在学习中给予同伴帮助，能够及时对同伴的动作进行评价。

学生学习效果互评：组织学生对彼此间的互助合作、相互指导等进行互评，培养学生的合作意识与学习习惯。

教师对学生学习效果的评价：教师在教学的过程中应以激励和表扬为主，树立学生学习的自信心，鼓励学生努力完成本课学习任务，达成本课的教学目标。

技能评价标准如下表所示。

练习内容＼等级	武英级	健将级	一级运动员
仆步穿掌	能够很好地做出沉腰、直腿的仆步动作，且能够很好地控制身体移动重心	能够较好地做出沉腰、直腿的仆步动作，且能够较好地控制身体移动重心	能够基本做出直腿的仆步动作，有控制身体移动重心的意识

七、教学设计特点

1. 游戏化教学，突破本节课的重难点

本课进行了游戏化教学设计，提高了教学实效性，促进了教学效果的提升，激发和调动了学生的学习兴趣。在教师的引导与组织下，学生通过参与、体验、感悟和身体练习，突破了教学的重难点，逐步学会了仆步穿掌的动作方法。

2. 创造性地使用器材，促进了教学效果的提升

将小垫子作为武术技击的受力物，并通过不同的摆放方式增加了练习的难度，提高了学生的练习兴趣，加快了学生对动作的学习与掌握速度。拉绳、钻绳游戏巧妙利用条件限制法，帮助学生掌握了仆步穿掌沉腰、直腿、控制身体移动重心的动作。

八、场地器材的创新使用

场地与器材布置图

1. 铲倒垫子游戏

预备

开始

预备

开始

2. 钻绳游戏

预备

开始

钻绳

过绳

附："武术基本功串联之仆步穿掌"教案

<table>
<tr><td>教材内容</td><td colspan="5">1. 武术基本功串联：仆步穿掌（提膝穿掌—仆步穿掌—弓步前挑）
2. 素质游戏：快乐花绳串联跳</td></tr>
<tr><td>教学目标</td><td colspan="5">1. 能够知道仆步穿掌的动作要领，明确动作变化时控制身体移动重心的重要性
2. 80%以上的学生能够做出沉腰、直腿的仆步动作，较好地控制身体移动重心的变化，提高腿部力量与动作控制能力，发展灵敏、协调与柔韧的素质
3. 体验学习武术项目带来的快乐与民族自豪感，培养武德精神与传承中华武术文化的优良品质</td></tr>
<tr><td>教学过程</td><td>教学内容</td><td>次数(次)</td><td>时间(分)</td><td>组织教法及要求</td><td>德育渗透</td></tr>
<tr><td rowspan="2">开始部分</td><td>一、课堂常规
1. 体委整队报告人数
2. 师生问好，宣布本课内容
3. 检查服装，安排见习生</td><td>1</td><td>3</td><td>组织队形：四列横队
要求：集合快、静、齐，精神饱满</td><td>培养良好的组织纪律性，并养成良好的队列素养</td></tr>
<tr><td>二、队列练习
行进间变换队形组合动作（裂、并队，向后转走、向左转走、向右转走）</td><td>1</td><td></td><td>要求：精神饱满，队列整齐</td><td></td></tr>
<tr><td>准备部分</td><td>一、自编武术操</td><td>1</td><td>3</td><td>1. 组织队形：四列横队
2. 教师引导学生集体进行武术操练习
要求：动作用力到位、精气神饱满</td><td>充分活动，展示水平</td></tr>
</table>

（续表）

准备部分	二、武术基本功 1. 手型变换 2. 腰功练习 3. 步形转换	4×8拍	3	教师组织学生进行武功练习，为接下来的学习打好基础 要求：动作准确、有力，蹬转结合	武功练习贵在坚持
基本部分	一、武术基本功串联：仆步穿掌（提膝穿掌—仆步穿掌—弓步前挑）  1. 提膝穿掌：蹬右腿，提左膝成右独立，上体左转45度；同时右掌自右腰间顺左小臂向前上穿出，掌心朝上，高与头平；左手同时回收至右腋下，掌心向下，目视右掌。 2. 仆步穿掌：左腿下落，右腿弯曲成仆步，头向左转；同时左掌向左前下肢伸至左脚尖处，右手不动，目视左掌 3. 弓步前挑：右腿伸直，左腿屈膝成弓步；同时右手	2 2	2 3	1. 组织队形：四列横队 2. 教师引导学生共同复习“并步双摆掌—弓步劈掌—叉步盖掌”三个动作，边做边说出动作名称，加深动作记忆  （设计意图：温故知新，加深学生对已学动作的记忆，提高武术技术动作能力） 3. 教师示范、讲解“提膝穿掌—仆步穿掌—弓步前挑”三个动作，并提示仆步穿掌的重难点 （设计意图：帮助学生建立正确的动作概念，明确本课学习的重难点）	认真练习，回顾旧知 仔细观察，深刻记忆

（续表）

基本部分	下落，左掌向前上挑起，成两臂斜举；上动不停，右脚上步，上体左转成左弓步；右手收至腰间，左手经头向上、向后劈掌	4	2	4. 教师引导学生模仿“提膝穿掌—仆步穿掌—弓步前挑”三个动作，提示动作要点 （设计意图：体验动作，感受动作的顺序与方法，运用体验式学习，提高学生的武术动作能力）	体验感悟动作，认真学习
		3	4	5. 教师引导学生利用小垫子进行仆步铲垫子游戏 （设计意图：通过游戏激发学生的学习兴趣，调整运动负荷，体会仆步沉腰、直腿动作）	积极参与，获得体验
		3	2	6. 教师引导学生集体进行“提膝穿掌—仆步穿掌—弓步前挑”三个动作的练习 （设计意图：感受仆步穿掌动作后，增加连贯动作的串联练习，提高武术动作的连续性水平）	积极学练，加深记忆
		1	2	7. 教师引导学生进行动作展示，学生间相互评价 （设计意图：再次建立正确的动作概念，激发学生的评价积极性，明确评价要点）	认真观察，勇于评价
		3	4	8. 教师引导学生 3 人一组利用跳绳进行钻绳游戏	互助学习，提高技能

（续表）

				（设计意图：再次体会仆步穿掌时身体重心的变化，提高学生控制身体重心变化的能力，突破教学难点，进一步学习仆步穿掌动作）	
		2	2	9. 教师引导学生进行完整动作的串联，边做边说出动作名称 （设计意图：增加练习难度，提高学生仆步穿掌的完整技术动作能力）	思、述、动、练结合，提升技能
基本部分		2	2	10. 教师引导学生进行配乐的完整动作串联，边做边说出动作名称 （设计意图：体会在音乐伴奏下表演的感觉，提高动作的观赏性与动作的节奏感和美感）	展示动作，提升美感
		1	1	11. 教师小结 （设计意图：帮助学生树立学习信心，形成健康、阳光、乐学的学习态度）	
	二、课课练：穿过小树林	1	2	1. 教师引导学生利用小垫子进行曲线行间跑  要求：保持前后距离，注意跑进速度，保证安全 （设计意图：增加练习密度和运动负荷，提高耐力素质）	培养吃苦精神，历练筋骨

（续表）

<table>
<tr><td>基本部分</td><td>三、素质游戏：快乐花绳串联跳
比赛采用个人赛的比赛方式。比赛开始后，学生先后采用开合跳、弓步跳、提膝跳、踢腿跳四种方式进行比赛，在规定时间内失误最少的人获胜</td><td>3</td><td>4</td><td colspan="2">1. 组织队形：四列横队
2. 教师讲解游戏方法与规则
规则：按照规定的花式跳绳方式进行比赛；准确计算失误次数
3. 教师组织学生进行比赛并裁判
4. 教师公布成绩并参加比赛
5. 教师小结游戏</td><td>积极参与，发挥想象</td></tr>
<tr><td>结束部分</td><td>1. 放松活动：伴乐拉伸放松
2. 师生小结
3. 宣布下课
4. 组织学生收器材</td><td>1</td><td>3</td><td colspan="2">1. 组织队形：四列横队
2. 活动要求：拉伸幅度到耐受程度；均匀呼吸，身心放松</td><td>养成良好习惯</td></tr>
<tr><td>安全措施</td><td colspan="6">1. 检查场地，确保合理设计器材距离，保证学生在安全的环境中学习
2. 在准备活动中充分活动身体的关节、肌肉和韧带，避免在之后的练习中受伤
3. 根据教学内容，教师随时提出注意事项</td></tr>
<tr><td rowspan="2">场地器材</td><td rowspan="2">1. 小垫子：20 块
2. 花式跳绳：40 根
3. 录音机：1 台</td><td>预计运动负荷</td><td colspan="4">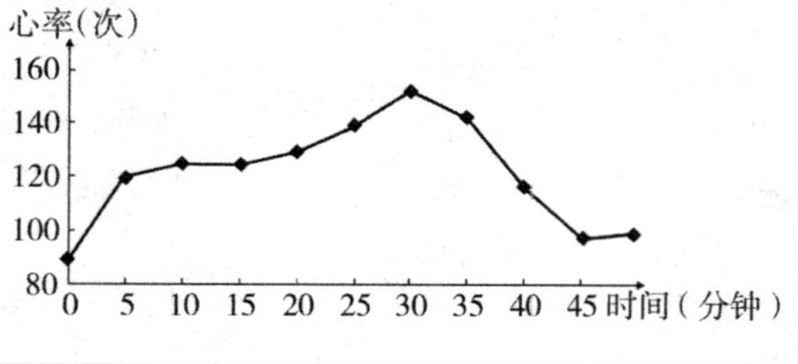
</td></tr>
<tr><td>预计练习密度</td><td colspan="2">30%～35%</td><td>平均心率</td><td>125～135 次/分</td></tr>
</table>

（续表）

课后小结	

合作共赢，凸显技能

——“小篮球活动之胸前传接球”教学设计

一、指导思想

本课依据《中共中央国务院关于加强青少年体育增强青少年体质的意见》，并根据2011版新课标的基本理念，牢固树立了“健康第一”的指导思想。教学中以学生为中心，重视教师的主导作用与学生的主体地位，强调充分调动学生的学习兴趣，激发学生的学习潜能，由浅入深地引导学生初步掌握小篮球的传接球技术，提高学生参与小篮球活动的主动性与积极性，培养学生的球感与控球能力。

二、教材分析

篮球运动是我国球类运动中较为普及的一项运动，深受广大民众的喜爱。在小学阶段，小篮球活动也是学生非常喜爱的一项教学内容，本项教学内容能够提高学生跑动、跳跃与投准的基本运动能力，发展学生的灵敏、速度、力量和耐力等身体素质。同时，小篮球活动对提高学生的神经系统的灵活性和大脑的综合分析能力也有着重要的作用。

小篮球胸前传接球动作是小篮球传球技术的动作之一。本项技术要求：手臂主动前伸迎球，接球时大拇指成“八”字，触球后应主动收于胸腹前，重点体验迎、收、停与蹬、伸、拨的技术。教师要结合五年级学生的身心特点，对教材进行巧妙设计，安排多种小篮球传接球游戏，通过让学生积极参与游戏、体验动作、感悟技术，激发和调动学生学习小篮球传接球动作的兴趣，提升学生的胸前传接球技术水平。

三、学情分析

1. 分析学情，以学定教

教学中，教师教学方法的选择与运用，一定要结合学生的实际情况。为了分析本次教学对象的学习情况，教学前我与教学本班的体育教师针对学生的体育知识水平、学习能力等问题进行了深入交流，获得了一些有价值的信息，为本课的有效教学做好了铺垫。

2. 了解学生的身体素质情况与运动能力

本次教学对象是五年级（2）班学生。本班共有学生 24 人，男生 12 人，女生 12 人。多数学生运动能力较好，身体素质较强，能够主动参与体育课程的实践与学习。

3. 学生的学习态度与习惯

本班学生课上能够积极参与各项学练活动，能够主动与同学交流讨论，能够与同伴展开合作探究，为本课的有效学习提供有效保障。教学中教师要做到两点：一是增加安全提示；二是为学生树立学习榜样，端正学生的学习态度。

4. 学生的已有基础

本班学生已经在三、四年级初步学习了小篮球的原地运球与行进间运球动作，大部分学生能够主动参与各项小篮球的学练活动，能够主动练习传接球的技术动作，游戏时表现出了极高的兴趣。此外，大部分学生能够做出连续的传接球动作，但传接球的准确度不够。

四、教学目标

（1）能够知道小篮球胸前传接球的动作要领，明确发力顺序和传球力量等技术。

（2）80％以上的学生能够做出胸前传接球的接球动作，提高控球能力，发展灵敏、协调与柔韧的素质。

（3）体验学习小篮球胸前传接球带来的快乐与成功感，培养自由、平等、公正等良好品质。

五、学习效果评价

自我学习效果评价：能够自主参与学练活动，能够在学习中给予同伴帮助，并能够及时对同伴动作做出评价。

学生学习效果互评：组织学生对彼此间的互助合作、相互指导等展开评价，培养学生的合作意识与学习习惯。

教师对学生学习效果的评价：教师在教学的过程中应以激励和表扬为主，树立学生学习的自信心，鼓励学生努力完成本课学习任务，达成本课的教学目标。

技能评价标准如下表所示。

等　级 教学内容	运动健将	一级运动员	二级运动员
小篮球胸前传接球	传接球时传接球手型准确，控球能力强	传接球时传接球手型较准确，控球能力较强	传接球时传接球手型基本准确，并能够传接球2～3次

六、教学设计特点

1. 游戏化教学，突破本节课的重难点

本课教学中设计了多个游戏，目的是激发和调动学生的学习兴趣。本课教学中，教师通过有效的引导与组织，让学生通过持球游戏、抢球游戏、传反弹球游戏等，参与、体验、感悟、练习，巧妙地突破了学习的重难点，学会了小篮球胸前传接球的动作方法，学习效果甚好。

2. 循序渐进进行教学，达成本课教学目标

为了让每位学生都能获得小篮球胸前传接球成功的机会，首先让学生在原地体会持球，同伴互助，互相纠正；随后教师加以讲解、示范，并通过抢球游戏，巩固学生的传接球手型；接下来，通过传接反弹球，让学生进一步巩固接球手型，提高接球能力。在学生具备一定的接球能力后，再

次进行胸前传接球练习，包括近距离和中远距离的练习，提高学生的胸前传接球能力。最后通过计时比赛和计数比赛，提高学生的传接球技能。环环相扣，难度不断提升，帮助学生由浅入深、循序渐进地掌握小篮球胸前传接球技术。

附："小蓝球活动之胸前传球"教案

年级：五年级

<table>
<tr><td>教材内容</td><td colspan="5">1. 小篮球：胸前传接球
2. 搬运类游戏：快速运球接力赛</td></tr>
<tr><td>教学目标</td><td colspan="5">1. 能够知道小篮球胸前传接球的动作要领，明确发力顺序和传球力量等技术特点
2. 80%以上的学生能够做出胸前传接球的接球动作，提高控球能力，发展灵敏、协调与柔韧的素质
3. 体验学习小篮球胸前传接球带来的快乐与成功感，培养自由、平等、公正等良好品质</td></tr>
<tr><td>教学过程</td><td>教学内容</td><td>次数(次)</td><td>时间(分)</td><td>组织教法及要求</td><td>德育渗透</td></tr>
<tr><td rowspan="2">开始部分</td><td>一、课堂常规
1. 体委整队报告人数
2. 师生问好，宣布教学内容
3. 检查服装，安排见习生</td><td>1</td><td></td><td>组织队形：四列横队</td><td>培养良好的组织纪律性，养成良好的身体姿态</td></tr>
<tr><td>二、队列练习
向后转走</td><td>1</td><td>2至3</td><td>要求：方向正确，步调整齐</td><td></td></tr>
</table>

（续表）

准备部分	一、热身跑游戏	1 4×8拍	6至7	1. 组织队形：方形队  2. 教师引导学生集体进行热身跑游戏 要求：充分热身、注意安全	 感受和谐的师生学习氛围
	二、熟悉球性游戏 1. 教师引导学生进行原地蹲姿掌指运球动作 2. 教师引导学生进行原地运球游戏 3. 自主抛接球游戏	1		教师引导学生充分参与游戏 要求：注意力集中，将球接稳 （设计意图：通过参与运球，增强学生手控球的感觉，提高学生的控球能力）	培养学生诚信的优良品质
基本部分	一、小篮球：胸前传接球 1. 动作（略）方法： 2. 重点：大拇指成“八”字。 3. 难点：主动迎收球	2至3		1. 组织队形：四列横队 2. 教师引导学生原地蹲姿模仿小篮球胸前传接球的传接球手型 （设计意图：通过模仿、体验，让学生初步感知传接球手型）	构建公平、民主、和谐的学习氛围

（续表）

基本部分		2至3 1 2至3 1至2 2至3	19至20	3. 教师引导学生进行抛接球游戏 （设计意图：利用小游戏有效地调动学生的学练热情，并进一步在小篮球运动中巩固传接球手型） 4. 教师示范并讲解小篮球胸前传接球的动作方法，提示本课学习的重难点 （设计意图：在学生头脑中建立正确的动作概念，明确本课学习的重难点） 5. 教师引导学生 3 人一组进行抢球游戏 （设计意图：通过游戏，激发学生参与的积极性，并初步感知小篮球胸前传接球的动作方法） 6. 教师引导学生进行反弹球传球练习 （设计意图：降低接球难度，巩固接球技术） 7. 教师引导学生进行胸前传接球练习 （设计意图：通过体验式练习，提高学生的胸前传接球技术）	培养平等、公正等优良品质 培养敬业精神

（续表）

基本部分		1 3至5		8. 教师引导学生进行动作展示 （设计意图：再次在学生头脑中建立正确的动作概念，提高学生的展示欲望） 9. 教师引导学生进行胸前传接球比赛 （设计意图：增加练习难度，以赛代练，以达到最佳的实战效果）	培养学生在平等、公正、和谐的氛围中积极参与比赛为本队争光的意识
	二、搬运类游戏：快速运球接力赛 将学生分成人数相等的4队，手持篮球在起跑线后站好。比赛开始，每队的第一名学生快速跑出，达到折返点后，绕标返回，与本队的第二名学生手递手传球交接，第二名学生再以同样的方式进行，依次类推，先完成比赛的队获胜	3至4	6至7	1. 教师讲解游戏方法与规则 规则：必须按照规定路线进行游戏；球掉落后须马上捡起球，继续进行比赛 2. 教师组织学生进行比赛并裁判 3. 增加比赛难度，进行再次比赛 4. 教师小结游戏	
结束部分	1. 放松活动：我们是最棒的 2. 师生小结，互道再见 3. 宣布下课，回收器材	1	3	组织队形：四列横队 要求：动作舒展，充分放松	培养学生的诚信品质

（续表）

<table>
<tr><td>安全措施</td><td colspan="5">1. 检查场地，确保合理设计器材距离，保证学生在安全的环境中学习
2. 在准备活动中充分活动身体的关节、肌肉和韧带，避免在之后的练习中受伤
3. 根据教学内容，教师随时提出注意事项</td></tr>
<tr><td rowspan="2">场地器材</td><td rowspan="2">1. 小篮球：32个
2. 呼啦圈：8个</td><td>预计运动负荷</td><td colspan="3">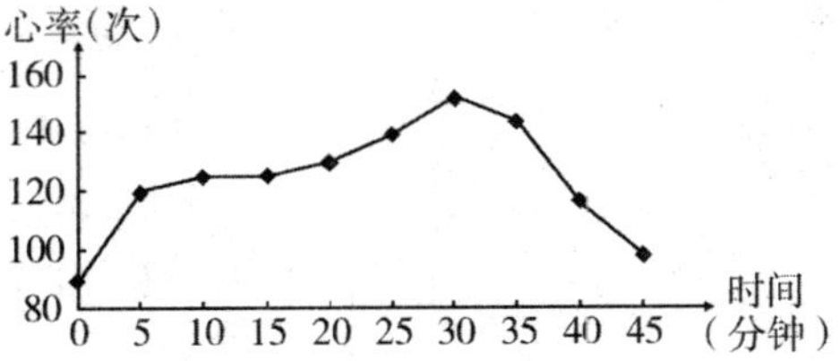
</td></tr>
<tr><td>预计练习密度</td><td>30%～35%</td><td>平均心率</td><td>130～140次/分</td></tr>
<tr><td>课后小结</td><td colspan="5"></td></tr>
</table>

学以致用，技能提升

——“技巧之生活中的滚动、滚翻开创性练习”教学设计

一、指导思想

本课依据2011版新课标的基本理念，树立了“健康第一”的指导思想。教师参照水平一的运动参与、运动技能、身体健康、心理健康与社会

适应等课程目标以及季节气候条件，确定了本课教学内容。本课教学主张在教学中渗透体育与健康的基础知识，帮助学生学习与掌握体育运动技能，使学生具备良好的心理品质与合作交往能力。

本课教学主要通过观学、研学、练学、乐学等学习方式，使学生逐步学习知识、掌握技能。教师在本课教学中结合低年级学生的身心特点，设计了教学情境，通过引导学生由浅入深、循序渐进地进行滚动和滚翻开创性练习，意在让学生初步学会本项技术动作，逐步形成运动技能。本项技术动作可以使学生在遭遇突发事件失去重心时，下意识地做出自我保护动作，避免身体受到意外伤害，有效提升学生对突发事件的应急能力。学以致用，可以更好地为学生的健康成长保驾护航。

二、教材分析

技巧之滚动与滚翻是深受小学低年级学生喜爱的一项教学内容，其难度随着年级的升高而增加，教材难度呈螺旋式上升趋势。本课教学有利于促进学生前庭器官生长发育，增强学生的灵敏、协调素质与平衡感，能有效培养学生的勇敢精神与合作意识，从实际应用层面讲也有很重要的操作价值。

前后滚动的动作要点是团身滚动紧似“球”，向前滚动时要压小腿、低头；左右滚动的动作要点是异侧臂和腿向滚动方向用力；前滚翻的动作要点是低头屈臂、蹬地有力、团身紧、滚动圆滑、屈膝迅速回收、保持平衡成蹲立；连续前滚翻的动作要点是滚翻时低头、提臀、蹬腿、团身，连接下一个动作时要连贯。基于以上动作要点分析，可以了解生活中的滚动、滚翻开创性练习的动作要点是无意注意后的快速反应，选择适当的滚翻与滚动动作，低头团身、滚动圆滑、滚翻后保持身体平衡。在教学中，我们要重点关注学生在危险来临时的第一反应，强调遇到危险后所采取的自我保护动作的科学性，避免学生在练习时出现意外，使学生能够较好地在实际生活中灵活运用滚动与滚翻技术动作。

三、学情分析

本课教学对象是我校二年级学生。通过一年级时体育与健康课程的学习，二年级学生各方面能力都有所提升，但由于他们上课时注意力容易分散，教师需要通过丰富多彩的体育内容和教学手段，激发和保持学生的学习兴趣，促进教学效果的提升。本班学生兴趣广泛，对体育活动积极性很高，尤其对新鲜事物与活动能够表现出较高的兴趣和求知的欲望。因此在教学中，教师应特别重视教材、教法、教学形式的新颖性和趣味性，使学生获取最佳的学习效果。

本次教学班级为二年级（1）班，本班学生共计 33 人，男生 18 人，女生 15 人。学生身体灵活性较好，反应快速，柔韧性、协调性均表现出较好的状态。本班学生从未进行过生活中的滚动、滚翻开创性练习，在一年级时已经学过各种方式的滚动，在二年级时学过连续前滚翻的技术动作。

本次授课前在二年级（1）班找了 10 名学生（5 名男生，5 名女生），通过访谈法和观察法对学生进行了测试。

1. 访谈法

问题：你们认为自己能够掌握滚动、前滚翻和连续前滚翻的技术动作吗？

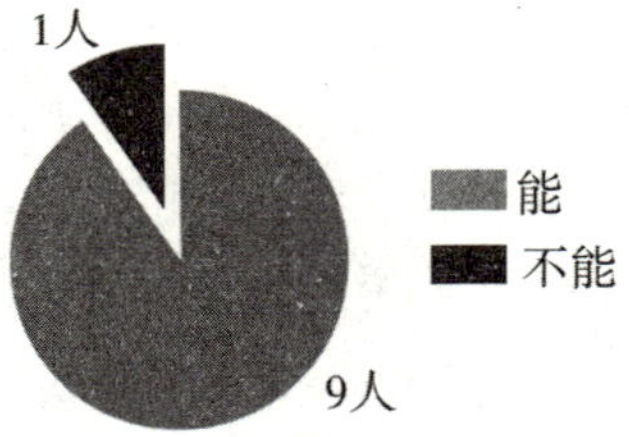

2. 观察法

观察：学生对滚动、前滚翻和连续前滚翻技术动作的掌握情况。

标准：滚动圆滑；前滚翻成直线。

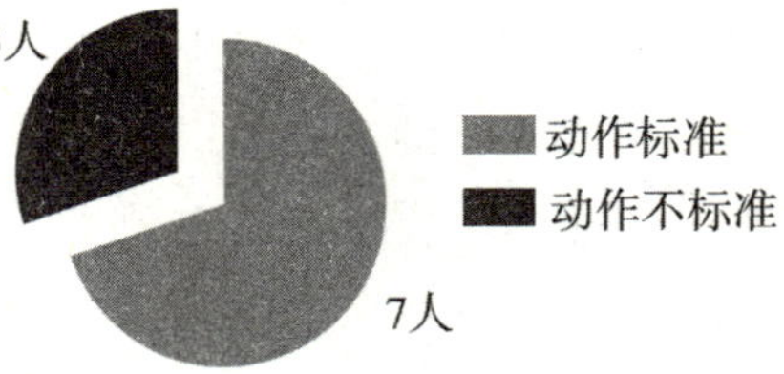

通过访谈法了解到，9 名学生能够完全掌握滚动、前滚翻和连续前滚翻技术动作。通过观察法测试得出，3 名学生不能做到前滚翻成直线，其中 1 名学生没有撑垫动作，7 名学生能够完成动作。

不能做到前滚翻成直线的 3 名学生中，2 名学生是因为肥胖，在完成动作时有困难。其中 1 名学生两脚蹬地发不上力，两手没有支撑意识；1

名学生对头部应该在的位置理解不正确，会将头定在垫子上；1名学生自己不能完成，在教师帮助下可以完成动作。根据访谈法和观察法得出的数据，我制订了本课的教学目标。

四、教学目标

（1）能够知道自我保护的动作要领，明确危险来临时如何自救的重要性。

（2）80%以上的学生在遇到危险时能够快速运用滚动与滚翻动作，做出自我保护动作，提高快速反应能力，培养灵敏、协调的素质，发展空间定向能力与空间感。

（3）体验学习技巧项目带来的快乐与成功感，培养遇事冷静、沉着应对的心理素质以及勇敢顽强的体育精神。

五、单元计划

<table>
<tr><td>教学内容</td><td colspan="2">生活中的滚动、滚翻开创性练习</td><td>授课年级</td><td>二年级</td></tr>
<tr><td>教学目标</td><td colspan="4">1. 明确自我保护动作要领，懂得危险来临时如何自救的重要性
2. 通过教学，初步掌握生活中采用滚动、滚翻化解危险的动作方法，培养灵敏、协调的素质，提高快速反应能力，发展空间定向能力及空间感
3. 体验学习技巧项目带来的快乐与成功感，培养遇事冷静、沉着应对的心理素质以及勇敢顽强的体育精神</td></tr>
<tr><td>课次</td><td>重难点</td><td colspan="3">主要教法措施</td></tr>
<tr><td>1</td><td>重点：低头、团身
难点：滚动圆滑</td><td colspan="3">1. 引导学生做出运动中遇险时的自我保护动作（前滚翻和连续前滚翻）
2. 引导学生做出生活中遇险时的自我保护动作（不同开始姿势的前滚翻）
3. 引导学生做出黑夜中遇险时的自我保护动作（低鱼跃前滚翻）
4. 引导学生做出高处跳下后的自我保护动作（跳下落地接前滚翻）
5. 师生小结</td></tr>
</table>

（续表）

2	重点：快速反应、滚动圆滑 难点：肩、背部着垫，滚翻后成蹲立	1. 引导学生做出在草地上集体玩耍的滚动与滚翻组合（前后滚动接滚翻动作） 2. 引导学生做出在雨天路滑摔倒时的自救动作（不规则前滚翻） 3. 引导学生进行原地转两圈后的快速前滚翻练习 4. 引导学生进行手持球的前滚翻练习 5. 师生小结

六、学习效果评价

自我学习效果评价：能够自主参与学习，能够在学习中给予同伴帮助，能够及时对同伴的动作做出评价。

学生学习效果互评：组织学生对彼此间的互助合作、相互指导等展开评价，培养学生的合作意识与学习习惯。

教师对学生学习效果的评价：教师在教学的过程中应以激励和表扬为主，树立学生学习的自信心，鼓励学生努力完成本课学习任务，达成本课的教学目标。

技能评价标准如下表所示。

等级 练习内容	成功	加油	需努力
滚动与滚翻	能够快速做出低头、团身、滚动圆滑的滚翻动作，且动作快速、连贯	能够较好地做出低头、团身、滚动圆滑的滚翻动作，且动作协调、连贯	能够基本做出低头、团身、滚动圆滑的滚翻动作，且动作较协调、连贯

七、教学设计特点

1. 情境教学，突破本节课的重难点

本课教学情境设计贴近学生生活，将技术教学与情境教学相结合，通过多种教学情境的使用，逼真地重现了危险发生时的场景，为学生的实践学习和有效应对提供了条件。学生在教师的引导下进行了多种方式的学练，初步学会各项动作技能，形成了较好的实际应用能力。教师围绕生活体验馆的教学情境，为学生设计了多种逃生方法，让学生结合实际生活中的危险，有选择性地使用保护动作，形成技术能力。

2. 德育渗透，使学生树立正确人生观、价值观

设置的游戏可以激发学生的爱心，让他们学会保护受伤的小动物，学会给小动物搭建一个温暖而舒适的家。

3. 创造性地使用器材

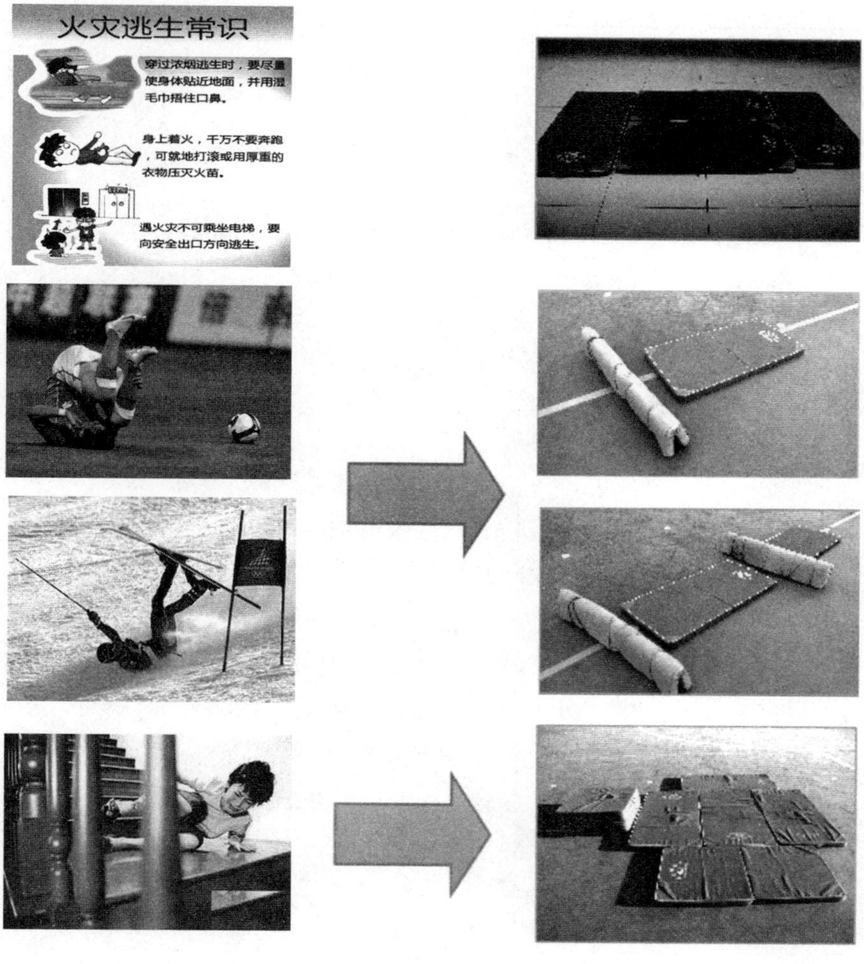

附："技巧之生活中的滚动、滚翻开创性练习"教案

教材内容	1. 生活中的滚动、滚翻开创性练习 2. 游戏：急速救援				
教学目标	1. 知道自我保护动作要领，明确危险来临时如何自救的重要性 2. 80%以上的学生在遇到危险时能够做出快速的滚翻动作，培养灵敏、协调的素质，提高快速反应能力，发展空间定向能力及空间感 3. 体验学习技巧项目带来的快乐与成功感，培养遇事冷静、沉着应对的心理素质以及勇敢顽强的体育精神				
教学过程	教学内容	次数(次)	时间(分)	组织方法与要求	德育渗透
开始部分	一、课堂常规 1. 体委整队，报告出勤人数 2. 师生问好 3. 宣布本课内容 4. 检查服装，安排见习生	1	3	组织队形：四列横队 要求：集合快、静、齐；认真听讲，精神饱满	培养良好的组织纪律性

（续表）

开始部分	二、队列练习 1. 报数 2. 齐步走、立定	1 2		组织队形：四列横队 要求：注意力集中、精神饱满	学生调动情绪
准备部分	一、韵律操	1	2	1. 组织队形：四列横队 2. 教师引导学生集体做韵律操练习。 要求：动作用力到位、有节奏	加强学生对准备活动重要性的认识
	二、徒手操 1. 头部运动 2. 肩绕环运动 3. 体转运动 4. 腹背运动 5. 活动踝腕关节	4×8拍	3	教师组织学生进行专项准备活动，充分活动关节，为接下来的学习打好基础。 要求：动作准确、有力、到位，活动充分	
	三、诱导性练习 左右滚动： 仰卧或俯卧于垫子上，两臂上伸（或胸前屈肘），以俯卧向左侧滚动为例，身体重心移向左侧，同时右手臂、右腿用	2	2	1. 组织队形 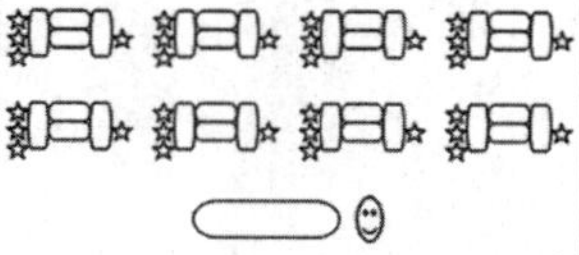 2. 教师引导学生进入情境，引出问题："火灾时自己的身上着火了怎么办？"集体讨论办法	

（续表）

准备部分	力推、压垫子，左肩、左髋部位先触垫，滚动一周后还原  前滚翻成蹲撑			3. 教师组织，4 名同学结组，拼接好小垫子，1 人整理小垫子，3 人排队滚动练习 4. 学生 4 人一组，克服恐惧心理，体验滚动动作	
基本部分	一、生活中的滚动、滚翻开创性练习 1. 方法 连续前滚翻： 蹲撑，两手撑垫，同时屈臂、低头；然后两脚蹬地、提臀收腹，重心前移，团身向前滚动；前滚翻时，枕骨、肩、背、臀部依次触垫；依次连续进行 2. 教学重难点： 低头、团身，滚动圆滑	4 3 5	3 2 6	一、引导学生做出在运动中遇险时的自我保护动作 组织队形 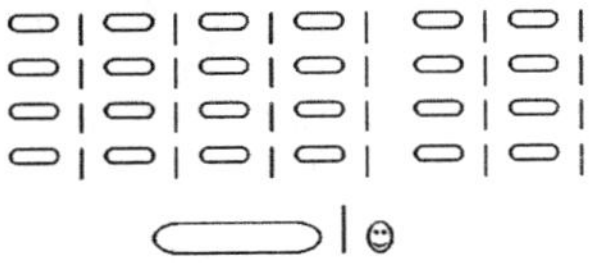 1. 教师引导学生进入情境，启发学生说出解决问题的办法，并引导学生做出前滚翻动作，练习前滚翻动作 2. 学生集体讨论办法，在教师的引导下，总结出前滚翻和连续前滚翻的动作方法	认真练习，回顾旧知 仔细观察

（续表）

基本部分	3. 前滚翻保护与帮助方法 保护者在练习者左侧稍前，左膝跪立，左手扶住练习者，右手防止前移。练习者前滚时，保护者左手轻按练习者头颈，使其低头、枕骨向前，右手扶其大腿后上部，帮助其前滚翻，同时左手提托其左肩，练习者背部着垫时，保护者左手顺势助其滚动			3. 学生勇于参加练习 二、引导学生做出生活中遇险时的自我保护动作 1. 组织队形 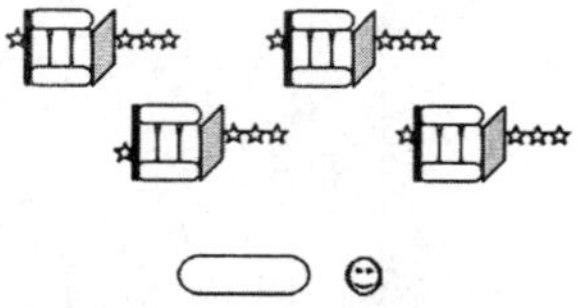	
		3	5	2. 教师引导学生进入情境，引出问题："当你从楼梯上	认真练习 勇于挑战
		1	1	摔下来怎么办?"学生集体讨论办法	
		10	3	3. 教师组织 8 名同学结组，拼搭好小垫子，1 人整理小垫子，7 人排队练习；学生克服恐惧心理，体验滚动动作 三、引导学生做出黑夜中遇险时的自我保护动作	巩固新知
		1	1	1. 组织队形 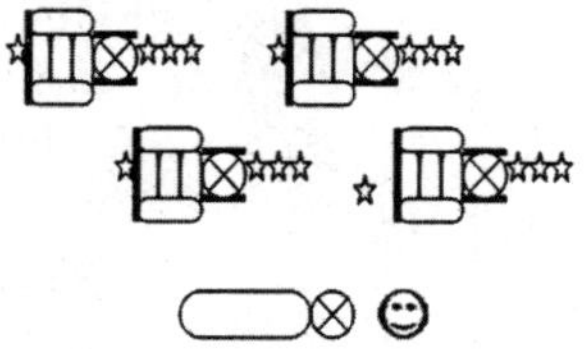 2. 教师引导学生进入情境，引出问题："夜间你在匆匆赶路时，不小心被绊倒怎么办?"让学生带上眼罩 3. 学生集体讨论办法	
		2	5	4. 教师组织 8 名同学结组，拼搭好小垫子，1 人整理小垫子，7 人排队练习	

（续表）

基本部分				5. 学生克服恐惧心理，体验滚翻动作 四、引导学生做出高处跳下后的自我保护动作 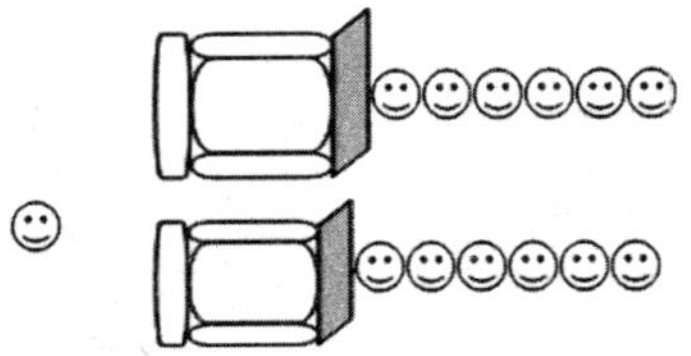 1. 组织队形 2. 教师引导学生进入情境，引出问题：“逃生或是紧急情况下需要从1米左右的高处向下跳，你会怎么办?” 3. 学生集体讨论办法 4. 教师组织男生、女生各为一组，男生从1米的高处，女生从80厘米高处进行跳下滚翻练习 5. 学生克服恐惧心理，体验跳下滚翻动作 五、教师进行讲评 要求：认真聆听教师的讲评	
	二、课课练：跑起来			1. 组织队形：一路纵队 2. 教师带队，学生跟随模仿动作 要求：前脚掌着地，跟上队伍	
	三、游戏：急速救援 学生按四列横队站好，右手持小垫子，将小垫子在背上背好。第一组比赛，学生背上小垫			1. 组织队形：四列横队 2. 教师讲解游戏方法与规则 规则：按规定方法背好小垫子；不得越线交接 3. 组织游戏1～2次 要求：遵守游戏规则；尊重他人，遵守纪律	

（续表）

基本部分	子（救生气垫），听哨声开始，第一组跑到救助中心救助小动物，将小动物放到垫子上救回，与第二组学生击掌后第二组出发；8 名学生一组，为自己救回来的小动物搭设一个小家				
结束部分	1. 放松舞：《让爱住我家》 2. 师生小结 3. 宣布下课 4. 师生互道再见，回收器材	1	2	1. 组织队形，跟教师一起做放松练习  2. 小组长负责收器材	养成锻炼习惯
安全措施	1. 检查场地，合理设计器材距离，保证学生在安全的环境中练习 2. 在准备活动中充分活动，避免在练习中受伤 3. 根据教学内容，教师随时提出注意事项				

（续表）

<table>
<tr><td rowspan="2">场地器材</td><td rowspan="2">1. 小垫子：33 块
2. 大垫子：8 块
3. 海绵包：6 个
4. 障碍物：35 个
5. 跳绳：33 条
6. 眼罩：33 个</td><td>预计运动负荷</td><td colspan="3">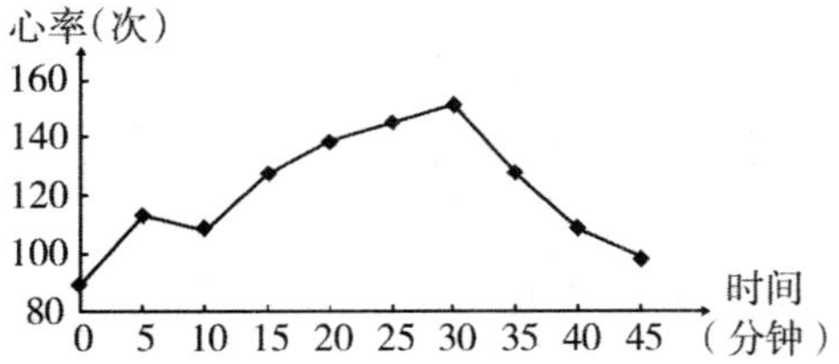
</td></tr>
<tr><td>预计练习密度</td><td>30%～35%</td><td>平均心率</td><td>120～130 次/分</td></tr>
<tr><td>课后小结</td><td colspan="5"></td></tr>
</table>

附："生活中的滚动、滚翻开创性练习"课堂实录与解析

一、课堂实录

（一）开始部分

师：同学们好！

生：老师好！

师：今天这节课的学习内容是"遇到危险时如何进行自我保护"。同

学们，如果你现在身上着火了，身边没有水也没有其他任何灭火器材，你该怎么办？

（小组讨论。）

生：用手去拍灭。

生：我觉得应该把着火的衣服脱掉就行了。

生：我要快速地跑到河边。

生：我要找朋友或家长帮忙灭火。

师：身上着火了，第一时间灭火是最重要的。用手拍肯定不行；把衣服脱掉可能会耽误灭火的最佳时机，造成更严重的后果；跑到河边要经过一段路程，而跑步还会产生风，风会加速火的燃烧，让你性命难保；找人帮助也不可取，同样会耽误灭火的最佳时机。

生：那我们应该怎么办呢？

师：一会儿你们就会学到正确、快速的灭火方法。我们先进行队列练习，希望你们能够做到集合快、静、齐，转法方向正确，排面整齐。

师：集合。看一看排头在哪里，注意快、静、齐。非常好！同学们集合真迅速。接下来我们一起来练习原地转法。

师：向右——转！向右——转！向左——转！向左——转！向后——转！向后——转！同学们，你们做得真棒！下面我们一起来进行准备活动，充分活动肌肉、韧带和关节，动作要用力、到位、有节奏。

师：以右侧排头为基准两臂侧平举成四列横队——散开。

师：向前——看。

（二）准备部分

师：我们先做一套韵律操来进行热身活动。你们准备好了吗？

生：准备好了。

师：预备，起。注意动作到位。真好！

师：接下来我们一起做专项活动。第一节，试试用头当铅笔，来写一写你的名字。预备，开始。

生：老师我写完啦！

师：好，接下来请大家猜一猜我做的是什么动作，请注意看。你们猜出来了吗？

生：是自由泳的动作。

师：对！你们会做吗？

生：会！

师：那我们一起来练习，预备，起。

师：停。你们做得真好！接下来提高难度。同学们，你们都会转呼啦圈吗？

生：会！

师：那你们来试试。

师：你们做得真不错。接下来难度继续增加，用膝关节转呼啦圈，你们会吗？

生：会！

师：真棒！那你们试试。

师：王江，你做得真棒！加油！

师：停！同学们，你们会跳芭蕾舞吗？

生：不会！

师：没关系，老师教你们跳。首先成丁字步，前脚掌着地，提踵重心升高。两臂轻缓抬起，左臂打开，右臂打开。两臂向上抬起，画一个最大的圆，然后沿身体两侧落下还原成直立动作。同学们，你们的动作真美。

师：接下来我们进行一个比赛，比赛方法是从大排头开始向小排头方向传垫子，看哪一队的速度快。听明白了吗？

生：明白了。

师：预备（哨音）——

师：我来宣布结果。第二组第一名，第三组第二名，第一组第三名，第四组第四名。

（三）基本部分

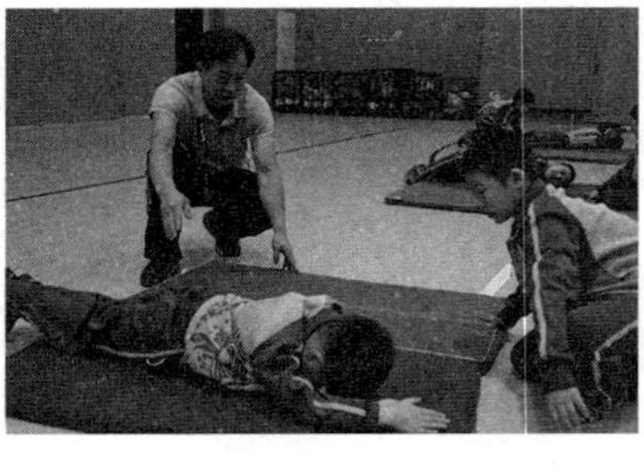

师：下面我们就来学习自我保护的动作方法。首先我们来解决第一个问题——身上着火如何灭火的问题。先看我的示范，（师示范）同学们，你们看明白了吗？

生：看明白了。

师：非常好！当你身上突然着火了，你要快速躺在地上进行横向连续的左右直体滚动，直到身上的火扑灭。

师：同学们，你们听明白了吗？

生：听明白了。

师：下面请两位同学将小垫子横向拼接在一起，一位同学练习，另一位同学做指导。要注意，做左右直体滚动时，两臂上举置于头上，髋关节发力。你们听明白了吗？

生：明白了。

师：好！练习时注意安全，不要滚出垫子，开始练习吧！

师：鄢尔霈，注意髋关节发力，身体紧贴垫子，这样才能把身上的火扑灭。

师：非常好！同学们注意两人交换练习，相互指导。

师：练习时间还有2分钟，加油！注意身体紧贴垫子，才能把身上的火扑灭。

师：停！同学们，我相信，用左右直体滚动进行自我保护与救护的动作方法你们已经基本掌握了。

师：谁愿意到前面来给大家展示一下呀？

李红：我来！

师：好的，李红请到前面来。你来给我们展示一下身上着火了该怎样灭火。

李红：好的。

师：听哨音开始。预备——

师：同学们，他做得好吗？

生：好！

师：对！非常好！他能够从站立状态快速切换到躺在垫子上的状态，而且在滚动时还能够保持身体紧贴垫子。非常好！我们再次为他竖起大拇指。

师：接下来加大难度，我们来解决第二个问题。当你们在走或跑的时候，突然被前方的东西绊倒，你们该如何保护自己呢？

师：李英你来回答。

李英：用手扶地。

师：还有没有不同的答案？想一想，能不能用我们曾经学习过的动作呢？

师：穆宇扬你来回答。

穆宇扬：可以用学过的前滚翻动作。

师：对！你说得太好了。下面我们就一起在同伴的保护和帮助下，复习一下前滚翻动作。注意低头、提臀、向前滚动，做出绊倒后的自我保护动作。两人一组开始练习，注意安全。

师：牛童注意保护！对！低头、提臀、团身滚动，非常好！

师：米小敏不要害怕！吕斌注意保护！加油！低头、提臀、快速滚动。好的！同学们注意两人交换练习，保护时一定要认真负责。听到了吗？

生：听到了。

师：吕斌，你在做出自我保护动作时一定要注意低头，明白了吗？

吕斌：嗯！明白了。

师：好！通过练习，你们的技术动作水平已经有了很大提升。哪位同学能上来给我们展示一下？

王明：老师我来！

师：好的，王明请到前面来。你来给我们展示一下。

师：听哨音开始。预备——

师：同学们，他做得好吗？

生：好！

师：那请你说说他哪里做得好。

生：当被东西绊倒时，他能够快速做出前滚翻的动作来自我保护，而且能够一下子就站起来。

师：你观察得真仔细！对，他的确做得很好。我们也为他竖起大拇指。接下来我们继续增加学习难度，解决第三个问题。当你下楼快走完楼梯时，突然脚踩空要摔倒。你该怎样保护自己呢？

生：迅速抓住楼梯扶手。

生：迅速跪下。

师：你们说得都很好！先看看老师是怎样自我保护的，注意观察。

师：同学们，你们看明白了吗？

生：看明白了。

师：下面老师讲解一下练习方法。首先两人组成一组，把一块垫子折叠起来，后脚蹬在折叠垫子的边沿，前脚在前面支撑，然后在失去平衡的状态下完成自我保护动作。同学们，听明白了吗?

生：听明白了。

师：下面开始练习。

师：刘红，注意是在失去平衡的状态下快速做出前滚翻动作，注意低头，明白了吗?

刘红：好的，明白了。

师：牛佳，注意快速反应，做出前滚翻动作团身要紧，迅速抱小腿。

牛佳：明白了。

师：魏明，你在做自我保护动作时一定要注意后腿蹬地、低头、团身滚动。加油!

魏明：好的!

师：预备！开始！低头、团身。漂亮！同学们注意交换。

师：付刚，你滚翻时一定要注意屈臂、低头。

师：对了！非常好！两人交换。

师：同学们，每人再练习 3 次。希望你们能够自主做出保护动作，同时还要注意低头、团身的动作，更要注意安全！开始练习。

生：老师，您看看我的动作对吗?

师：好的。

师：准备好了吗?

生：准备好了。

师：开始!

师：你做得非常好!

师：(哨声）停！请同学们回到自己的位置。

师：下面哪位同学能给我们展示一下自我保护动作?

孙京：老师我来。

师：好的，孙京请到前面来。你来给我们展示一下你的自我保护动作。

孙京：好的。

师：听哨音开始。预备——

师：同学们，她做得好吗？

生：她能在身体不稳的条件下快速做出自我保护动作。真棒！

师：对！你说得太好了。她还有一个最大的优点，就是能够快速抱小腿呈蹲撑，对吗？

生：对！

师：我们也同样为她竖起大拇指。

师：请全体同学向左——转！请各组小排头把本组带到指定的练习场上。齐步走——立定！向左——转！

师：接下来我们解决最难的一个问题。第四个问题是，当逃生过程中你不得不从一个较高的地方跳下来时，如何避免你的下肢受到重创？

师：你在落地的一刹那，要做出一个缓冲的自我保护动作。先看老师示范，然后我们一起来练习。请认真观察。

①

②

③

④

⑤

（学生掌声。）

师：相信你们已经看明白了。特别提示一下，同学们一定要注意安全。初学这个动作，跳下落地时可以稍停顿，再接前滚翻的动作，保证自身安全。听明白了吗？

生：听明白了。

师：好！下面开始练习。

师：米颖，起跳时不用往上跳，一定要往下跳。落地时注意做好自我保护动作。

师：对了，非常好。加油！

师：王佳，别担心，我们和你在一起！加油！

师：（哨音）停！

师：每人再练习 3 次，然后我请一位同学进行动作展示。注意安全！开始练习。

师：刘强，注意落地时快速反应，做出前滚翻的保护动作。

师：下一位同学，做好准备，跳下落地后，快速做出保护动作。

师：真棒！

师：（哨音）停！同学们，请回到自己的位置。

师：哪位同学能给我们展示一下从高处落地后的自我保护动作。

王刚：老师我来。

师：王刚请到前面来展示，其他同学注意观察他的自我保护动作。

师：做好准备了吗？现在可以开始了。

师：同学们，他做得好吗？

生：好！他能够迅速做出自我保护动作，动作连贯。真棒！

师：对！你说得太好了。我们一起为他竖起大拇指。

师：同学们，通过今天的学习，你们的自我保护能力有了很大进步，希望你们能够在遇到危险时快速做出自我保护动作，保证自身安全。为了增强你们的体质，促进你们身体素质的全面发展，我们再来做一个更有挑战性的游戏——逃生通道。这个游戏解决的问题是，当你遇到危险时，如何保持低姿爬行前进？我们先回到刚才的练习场地上。向右——转！齐步走——立定！

师：现在，请同学们把本组的小垫子组合起来横放在一起。我们比一比哪个组最快。预备——开始！

师：第一组第一名，第三组第二名，第四组第三名，第二组第四名。现在请二组、三组同学蹲下，我来讲解一下游戏方法。第一组请像老师这样，做好臀部高抬、手脚支撑动作，形成一个通道。游戏开始后，每组第一名同学以低姿爬行的方式迅速钻过这个通道，当爬出通道后，迅速喊“到”，通知第二名同学出发，随后自己与最后一名同学连接成通道。最后先完成的组获胜。

师：请听好规则：第一，比赛过程中逃生通道不得倒塌；第二，安全通过通道后才可以喊“到”；第三爬行时不得和其他同学发生身体接触。同学们，你们都听明白了吗？

生：听明白了。

师：好的。下面我们先来体验一次，预备——

师：加油！加油！

师：第一组第一名，第二组第二名，第四组第三名，第三组第四名。好！体验结束。请同学们注意在逃生时保持低姿爬行。下面准备进行第一次比赛。

师：同学们，你们准备好了吗？

生：准备好了。

师：预备——

师：我来宣布结果。第二组第一名，第一组第二名，第四组第三名，第三组第四名。下面小组讨论一下，想一想怎样才能够快速通过通道。

（小组讨论。）

生：我觉得应该两手用力，快速向前爬。

生：我觉得应该手脚并用，快速爬行。

生：我感觉还是要保持低姿，手脚同时用力快速爬行。

师：同学们说得对！一定要注意手脚配合，协调用力。下面我们准备进行第二次比赛。同学们加油！

生：加油！

师：预备——

师：第一组第一名，第三组第二名，第二组第三名，第四组第四名。

师：下面请获得第一名的小组谈一谈他们是如何获胜的。

王楠：我们组获胜的秘诀是，每个人都相互贴紧，逃生时手脚配合低姿快速爬行。

师：你说得真好！同学们，你们都听见了吗？

生：听见了！

师：下面各组再讨论一下，然后我们再次进行比赛。

（小组讨论。）

师：同学们，你们讨论完了吗？

生：讨论完了。

师：好！下面我们就准备开始比赛吧！

生：好！

师：预备——

师：第一组第一名，第二组第二名，第三组第三名，第四组第四名。

师：同学们，你们做得都很棒，都能够低姿手脚配合，然后快速通过通道。希望在面临危险时你们能够使用这种自我保护的本领快速逃生。接下来，为了让你们的身体快速恢复最佳状态，我们一起做一个放松活动——肢体节奏。特别提示，同学们在放松时一定要注意节奏准确、动作整齐。

师：听音乐一起开始，预备——开始。同学们，注意抬头！再来一遍。

师：同学们，今天的学习就到这里。下面请同学们讲一讲你在本节课中的收获。

生：在今天的学习中，我学到了很多自我保护的方法。

生：我学到了走路被绊倒时如何进行自我保护的方法。

生：我知道了遇到危险时如何保持低姿爬行，安全逃生的方法。

师：同学们，看到你们学会了这么多自我保护的方法，我特别高兴。希望你们的技术动作不断提高，能够真正保护自己。今天我们的课就上到这里，同学们再见！

生：老师再见！

二、教学反思

1. 结合课例，阐释怎样进行学科内整合

体育课程以身体练习为主要手段，以学习体育与健康知识、技能和方法为主要内容。体育学科内整合，首先要对各年级教材内容进行系统研究与分析，其次要对教材中的技术及其应用价值进行筛选和组合。依据“学生站在正中央”的教育理念，教师要将有利于学生学习的体育教学内容进行科学合理的编排与整合。教学中，教师可以通过激趣、启发、引导、学练、互评全面提升教学的实效性，让学生快乐参与、有意学练、提升技能，让他们利用有效时间获得更多的体育基础知识，掌握更多的体育运动技能。

本课教学，教师经过大胆构想，将技巧与爬行进行了整合。其整合的原因在于：二者的技术特点相近，均为全身发力的位移型技能。通过对教材深入的挖掘，可分析得出两项技能内在发展的必然联系，这样教师就能系统地将体育学科内的教材资源进行科学整合。其整合的意义在于提升了练习密度、增加了运动负荷，让学生的上下肢在一节课中都得到了锻炼，促进了学生全身协调发展。同时，为落实体育学科精讲多练的教学原则，教师最大程度地减少了课堂的组织次数，把可利用的时间全都还给了学生，让学生成了课堂学习的主人。教师结合体育学科场地、器材使用的特殊性，有效利用了场地、器材，发挥了场地、器材的作用。

本课还对各项技术的学练方式进行了整合。例如，学生在学习左右直体滚动时，教师采用了小组合作学习的方式，让学生相互指导、相互提示、共同学习、共获成功。通过对本项技术的学习，学生不仅能够提升空间感和位置感，而且能够发展自身的协调性与灵活性，为接下来整合前滚翻动作做好铺垫。再如，在学习不同开始姿势的前滚翻时，教师将学习方式设计为体验式，让学生在适宜的练习场地利用重新组合的器材进行不同开始姿势的前滚翻动作的学习。学习方式的改变有效激发了学生的学习兴趣，开阔了学生的学习视野，革新了学生的知识获取方式。让学生由浅入深、循序渐进进行学习，提升了教学效果，加速了学生对技术动作的掌握与应用。

本课还将学习内容与场地器材进行了整合，目的是营造出浓厚的学练氛围。巧妙地将技术动作学习与场地器材设计融为一体，更能满足学生学练活动的需要。例如，左右直体滚动时，练习场地设计为纵放小垫子组合；前滚翻时，设计为横向放置小垫子；不同开始姿势的前滚翻时，设计为折叠小垫子与纵放小垫子组合；从上跳下接前滚翻时，设计为将多个大体操垫进行组合；等等。多个练习场地与教学内容的有机整合，不但提升了学生的学练兴趣，而且促进了学生对技术动作的学习与掌握。

2. 结合课例，解读课堂的主题教学意义

教师通过统计和分析教材内容，充分发掘了体育学科技术动作的价值意义，遵循体育学科教学本质，充分发挥了体育学科的育人与育体功能，以形式多样的学习内容为载体，开展了“自我保护”主题课程。这一课程充分挖掘了体育学科的内涵与本源，将“技能产生于生产和生活”牢记于心且应用于行，使之能够更好地为学生的学习与生活服务，让学生终身受益。

体育课不仅具有帮助学生锻炼身体的作用，而且具有培养学生坚韧品格与持之以恒、永不服输之体育精神的作用。教师通过及时有效的引导，让学生主动进入灭火情境，帮助学生学会了运用左右直体滚动的技术动作方法处理身上着火的情况，让他们懂得了如何保证自身安全。为了引导学生学会自我保护的另一项重要本领前滚翻，教师设计了一个突然被东西绊倒的情境，由此来告诉学生在危险来临时如何通过前滚翻的快速翻滚来保证自身安全。为了帮助学生克服心理障碍、快速产生自我保护反应，教师又设计了一项从高处跳下的情境，帮助学生掌握高处跳下时的自我保护的动作方法。另外，为了让学生增长见识，牢记自我保护的意义与价值，教师设计了逃生通道游戏，由此来促进学生的自我保护意识和技能的全面提升。

本课创新设计了具有连续性的教学情境，在激发学生学习兴趣的同时，充分锻炼了学生的身体灵活性、协调性与柔韧性，促进了学生滚动、滚翻与爬行技能的提升，增强了学生的观察力与空间判断能力，使学生储备了更多的自保和自救知识，弥补了学校安全教育课程缺失的不足，为学生自我保护与逃生技能水平的全面提升提供了强有力的技术保障。

第四章

课程研究促教师科研兴教

对清华附小商务中心区实验小学2012～2013年1～2年级学生体质健康标准测试结果的研究

【摘要】近20年来，小学生体质状况逐年下降，整体水平令人担忧，尤其是在肺活量、肥胖率、近视率、速度、耐力、血压调节机能等人体基本健康指标上，与国家体质标准相比较仍存在差距。由此可见，提高小学生的身体素质和运动能力是建设创新型国家的一项基础性社会工程。健康体魄的形成是一项长期性的工作，早期的体育锻炼将对一个人体育能力的形成起决定性的作用。

【关键词】学生体质健康　测试数据分析　实施效果

一、研究目的

随着人民生活水平的不断提升，学生外出时多乘坐交通工具而很少步行；饮食结构不合理，养成了偏食等不良饮食习惯；室外空气条件恶劣、受多种安全因素威胁、父母工作繁重，学生极少去参加体育锻炼等诸多原因导致了学生体质下降。

为了贯彻落实健康第一的指导思想，切实加强学校体育工作，促使学生积极参加体育锻炼、养成良好的锻炼习惯、提高体质健康水平，《国家体育锻炼标准》（以下简称《标准》）得以在学校具体实施。该《标准》是国家对学生体质健康方面的基本要求，适用于全日制小学、初中、普通高中、中等职业学校和普通高等学校的在校学生。

该《标准》是测量学生体质健康状况和锻炼效果的评价标准，是国家对不同年龄段学生体质健康方面的基本要求，是学生体质健康的个体评价标准。

二、研究对象与方法

1. 研究对象

参加测试的是清华附小商务中心区实验小学的低学段学生，共 234 人。其中男生 120 人，女生 114 人。

2. 研究方法

（1）实践测试法：按照课间操（30 分钟）与常态体育课教学时间（40 分钟）进行测试。

（2）文献资料法：查阅与本项测试有关的文献资料，整理、分析后将其作为研究中的参考资料，以保证本项研究的顺利进行。

（3）数理统计分析法：对学生两年的测试成绩进行统计，对比分析。

三、研究结果与分析

（一）研究结果

两年间我校低学段学生体质健康测试成绩对比分析如下所述。

从图 1、表 1 看出：通过体育课教学、课间操、大课间等活动，学生的体质健康测试成绩有了普遍的提高。

表 1　2012～2013 年学生体质健康测试成绩统计

年　份	总人数	优　秀	良　好	及　格	不及格	及格率
2012 年	234 人	91 人（占 38.9%）	112 人（占 47.9%）	23 人（占 9.8%）	8 人（占 3.4%）	96.6%
2013 年	234 人	105 人（占 44.9%）	113 人（占 48.3%）	15 人（占 6.4%）	1 人（占 0.4%）	99.6%

我校共有 234 人参加体质健康测试。从整体评定成绩来看：2013 年全校及格率达到 99.6%，比 2012 年提升了 3%；优秀等级的学生数量有了明显的提高，人数达到 105 人，占总人数的 44.9%，比 2012 年增加 14 人；良好等级的学生人数达到 113 人，占总人数的 48.3%，比 2012 年增加 1 人；及格等级的学生人数达到 15 人，占总人数的 6.4%，比 2012 年减少 8 人；不及格学生人数为 1 人，占总人数的 0.4%，比 2012 年减少了 7 人。综合来看，通过一学年的实践，学生体质健康测试成绩整体呈现出上升

趋势。

我校是一所新建校，学生构成多元化，现有体育教师 3 人，学生身体素质处于我区中等水平。2012 年和 2013 年学生体质健康测试项目为三项：身高/体重；柔韧类测试项目——坐位体前屈；速度类测试项目——立定跳远。

1. 2012～2013 年学生身高/体重成绩

（1）2012～2013 年学生身高/体重测试成绩。（如表 2 所示）

表 2　2012～2013 年学生身高/体重测试成绩统计

年　份	总人数	营养不良	较轻体重	正常体重	超　重	肥　胖
2012 年	234 人	7 人 （占 3%）	77 人 （占 32.9%）	107 人 （占 45.7%）	13 人 （占 5.6%）	30 人 （占 12.8%）
2013 年	234 人	15 人 （占 6.4%）	110 人 （占 47%）	81 人 （占 34.6%）	10 人 （占 4.3%）	18 人 （占 7.7%）

表 2 数据显示：学生的身高/体重测试成绩整体有了明显的提高，2013 年学生超重人数比 2012 年减少了 3 人，肥胖人数比 2012 年减少了 13 人，锻炼的效果明显。但令人担忧的是，由于学生的学练热情高涨，运动量增加，营养不良、体重较轻的学生人数也随之增加，体重正常的学生人数大幅度减少。

（2）2012～2013 年学生平均身高/体重。（如表 3 所示）

表 3　2012～2013 年学生平均身高/体重统计

年　份	学生平均身高	学生平均体重	学生体质健康标准 身高、标准体重
2012 年	125.49cm	25.71kg	身高为 125cm.0～125.9cm 时，男生正常体重为 23.9kg～27.8kg；女生正常体重为 23.7kg～27.0kg
2013 年	129.70cm	26.9kg	身高为 129.0cm～129.9cm 时，男生正常体重为 25.7kg～30.1kg；女生正常体重为 25.7kg～29.6kg

表 3 数据显示：通过一学期的各种体育活动和锻炼，学生平均身高增长了 4.21cm，平均体重增加了 1.19kg。学生的平均身高/体重属于学生体质健康标准的正常等级，但是平均体重增长速度相对于平均身高的增长速度而言略慢。在下一阶段的研究中，教师需要重点关注学生练习时的运动量和练习密度，需要注意采用区别对待的教学原则，同时还需要加强家校沟通，提示家长给营养不良和体重较轻的学生多增加营养，确保学生身高/体重的稳步增长。

2.2012～2013 年学生坐位体前屈成绩（如图 2 所示）

年份	优秀	良好	及格	不及格
2012	118 人 50．4%	78 人 33．3%	26 人 11．1%	12 人 5．2%
2013	140 人 59．8%	71 人 30．3%	21 人 9．1%	2 人 0．8%

图 2　学生坐位体前屈测试成绩评分等级统计

图 2 数据表明：2013 年学生坐位体前屈测试成绩相较于 2012 年有了大幅度的提升，达到优秀等级的学生人数为 140 人，占学生总人数的 59.8%，比 2012 年增加了 23 人。最重要的是，及格和不及格等级的学生人数也有所下降。整体上看，学生的柔韧素质有了明显的提升，需进一步保持。

3.2012～2013 年学生立定跳远成绩（如图 3 所示）

年份	优秀	良好	及格	不及格
2012	90 人 38．5%	94 人 40．2%	37 人 15．8%	12 人 5．5%
2013	79 人 33．8	110 人 47．1	41 人 17．5	4 人 1．6

图 3　2012 年、2013 年学生立定跳远测试成绩等级统计

图 3 数据表明：2013 年学生立定跳远测试成绩与 2012 年相比发生了变化，优秀等级学生人数减少了 11 人，良好等级学生人数增加了 16 人，及格等级学生人数增加了 4 人，不及格人数减少了 8 人。综合看来，与 2012 年相比，2013 年不及格学生人数大为减少，达到良好等级的学生人数有了大幅增加。令人担忧的是，达到优秀等级的学生人数有明显下降，比例下降了 5%。在下一阶段的研究工作中应更加重视此项教学，采取有

效的练习手段，确保立定跳远成绩的提升。

（二）分析

（1）由所统计的学生身高/体重成绩得知，学生通过一学年主动参与体育活动和刻苦练习，身高有了明显增长，体重也有了明显下降。特别是肥胖学生的人数大幅度减少。但不容乐观的是，营养不良和体重较轻的学生人数大幅增加，这对体育教师下一阶段的研究工作提出了较大的挑战。

（2）坐位体前屈是柔韧素质测验的一项重点内容，2013 年，学生此项成绩提高的原因主要是学生年龄较小且柔韧性较好，再加上科学的练习才达到今天的测试结果。随着学生年龄的不断增长，骨干、肌肉发育速度的加快，学生是否还能够保持较好的柔韧素质，还有待观察。

（3）学生立定跳远成绩处于下降趋势，分析发现，其原因主要有以下几个：①学生没有掌握正确的蹬地摆臂发力技术，动作协调能力差。②学生动作产生了停顿和技术脱节，动作的连贯性差，影响了立定跳远的成绩。③学生身体素质和运动能力的提升，不仅要靠在校园内的体育锻炼，而且需要学生在家中复习、巩固和提高。

四、结论与建议

1. 结论

（1）课程引领，统筹安排，保证时间，提高实效，为学生体质健康水平的提升保驾护航。

学生体质健康工作是学校体育工作的重中之重，不仅深受各级体育主管部门重视，更是实施素质教育、保证落实减负增效工作的重要根据地。为了响应党中央的号召，落实《中共中央国务院关于加强青少年体育增强青少年体质的意见》，我校结合“1＋X”课程的实践研究，进行了科学搭配与统筹安排：在保证每天超过“一小时”体育锻炼时间的基础上，打造精品校本课程，组建健美操、武术、篮球等体育社团，调动学生参与体育活动的积极性，激发学生的乐学情感，帮助学生形成健康的生活方式、良好的心理情绪，以及积极、主动的乐学态度。

具体的安排为：在保证每班每周开齐 4 课时体育课的同时，对课程内容进行大胆的整合，将课程基础内容与学校特色项目相整合，并利用课余时间进行系统的技能传授和注重实效的科学练习，从而保证学生每周的体育课时总量超过200分钟，为达到提升学生的整体素质和使学生学有特长的目的提供强有力的保障。

（2）利用激励机制，培养学生的团队荣誉感与竞争意识，促进学生体质健康水平的提升。

为了提升学生学练的积极性，让学生明确自身的奋斗目标，我校全体教师加大宣传力度，建立了“学生体质健康”奖励等级标准，为学生体质健康分项测试成绩达到优秀等级的学生颁发三星奖牌；为分项测试成绩达到良好等级的学生颁发二星奖牌；为分项成绩达到及格等级的学生颁发一星奖牌；学生获得3个分项测试的三星奖牌后，可以领取三星证书。此外，我校还定期进行学生体质健康测试成绩“百颗星”班级的评选，让学生明确自己在班级中的重要作用，激发学生的拼搏精神、竞争意识团队荣誉感。另外，我校还利用每周一的升旗时间表彰学生体质健康的练习明星，努力发现每一个学生的闪光点，为学生树立学习的榜样，培养学生的自主锻炼意识和不断进取的体育精神，以达到提高学生体质健康水平的目的。

（3）大力推广“课课练”的教学组织形式，稳步提升学生体质健康水平。

人人都知道“冬练三九，夏练三伏”的道理，只要有持之以恒的精神，任何问题都能解决。通过细致的反思，我们下定决心向教学要成效。通过研究分析，我校立足于课上40分钟，通过教师的精心安排和有效组织，将素质练习内容变成各种游戏安排到每一节课中，将往返跑接力、兔跳接力、小组体前屈接力等内容系统地安排在了每节体育课中。有效利用每节课5～6分钟时间，通过各种小游戏让每一位学生得到有效锻炼，达到具有中等运动强度的刺激效果，以满足学生身体健康发展的需要。此外，对于各班的超重、肥胖学生，我校遵循区别对待的教学原则，对他们加以重点照顾，教师和他们共学、共练，不但提升了这些学生自身的素质，还激发了他们的练习热情，使他们努力达到每节课所要达到的运动强度。

（4）进行课间操的创新性研究，利用科学的改革方式让学生爱上课间操，有效促进学生身体素质水平的提升。

课间操是全校学生每天共同锻炼的契机，更是保证学生每天的锻炼活动的一个重要时段。通过了解得知，由于现在的课间操内容缺少创新，多数学生不喜欢做课间操，甚至有的学生“出工不出力”，无法达到很好的锻炼效果。经过反复的思考，我校将课间操改为“4＋1”模式，“4”代表利用4天的课间操时间进行基本队列与广播操练习，“1”代表利用1天的课间操时间进行集体游戏活动、体育竞赛，或者进行一些新兴体育游戏活动。

为了保证课间操的质量和效果，我校规定课间操时间不得少于45分钟。此外，我校保证每2个月更新一套课间操，不断变换广播操的形式和内容，让学生在欢快音乐的伴奏下进行广播操练习、护眼操练习、自编校园集体舞练习、自编交警指挥操练习、自编礼貌操练习等，极大地调动了学生的练习热情，达到了较好的锻炼效果。

每周五的集体游戏时间，学生早早地就来到了操场，他们参与各种游戏和比赛活动，各个精神抖擞，达到了最佳的锻炼效果。这一学期的实验中，我们共在每周五的课间操时间安排了30多种游戏，组织比赛共20余场。

为进一步提升课间操的实效性，测查课间操的锻炼效果，在学校领导和班主任的帮助下，我们在课间操过程中对学生的脉搏密度进行了测量，即每天每班监测两人。这样便将课间操的实效性和锻炼价值放在了首位。通过一年来的共同努力，我们做到了时时监测课间操运动负荷，做到了有组织、有措施、有记录、有分析，全面提升学生参与课间操的兴趣，达成了提高学生身体素质、发展学生运动能力的目标。

表4数据显示：学生每天的练习运动量和练习密度，能够适应学生成长和发展的需要，但要注意，应根据学生每天的脉搏密度进行合理的调整，坚持养护与锻炼并重的教学原则，促进学生健康成长。

表4　学生一年来基础、最高、平均脉搏的数据统计

年　级	学生基础脉搏	学生最高脉搏	学生平均脉搏
一年级	78～108次/分	150～174次/分	126～150次/分
二年级	72～102次/分	156～174次/分	132～156次/分

2. 建议

（1）将学生测试数据及时告知学生家长，通过家校沟通引起家长的重视，赢得家长的支持，对营养不良、体重较轻、超重、肥胖四类学生要加大帮扶力度，为进一步深入研究提供条件。

（2）建立有效的阶段性评价机制，让学生能够在短时间内时时查询自己身高/体重的得分等级，便于时时调控自己的锻炼时间和运动量。

（3）教师要时时观察学生的运动情况和身体反应，适时适度地安排练习，保护学生的学练安全，避免意外事件的发生。

【参考文献】

[1] 教育部体育卫生与艺术教育司．国家学生体质健康标准锻炼手册[M]．北京：人民教育出版社，2008.

[2]《国家学生体质健康标准朗读》编委会．国家学生体质健康标准解读[M]．北京：人民教育出版社，2007.

[3] 季浏，胡增荦．体育教育展望[M]．上海：华东师范大学出版社，2001.

小组化学习模式在小学体育教学中的实践研究

【摘要】将“小组化学习模式”运用到体育新课程改革教学中，使体育教学得以充满活力。教学过程中，教师充分尊重学生的自主性和主体地位，并把学生的发展作为教学的中心，是符合教学发展趋势的。

【关键词】小组化学习　小学体育教学　实践研究

一、研究目的

教师在教学中结合学校实际、班级实际，将学生分成若干个学习小组，充分发挥各组体育骨干的力量和作用，可以调动学生学习的主动性和积极性，增强学生的团队责任感和集体荣誉感，让学生形成自制与学习的合力，可以进一步提升体育教学质量。

随着2011版新课标的推广，体育教学提升到了一个新的实践高度。课程目标中明确指出，要培养学生形成合作意识和能力。这种能力的培养可以通过小组化学习模式的实施来进行。

在体育教学中，教师讲授多种教学内容，学生需要经过体验与学练，逐步掌握相关的体育基础知识与技术并加以融合，才能形成运动技能。在学练过程中，学生凭借小组化学习模式，在组长的组织下通过互助学习与研讨，能够获得知识与技术，提高自己的运动技能。

二、研究方法与研究对象

（一）研究方法

以行动研究法为主，以问卷法、观察法为辅。

1. 问卷法

用问卷法在学生中开展调查，将小组化学习模式与传统教学模式进行对比。

教师通过小组化学习模式实验前后所做的问卷调查，了解小组化学习模式对实验班和控制班学生的影响。

对比实验前后的教学情况，了解小组化学习模式实验是否改善了实验班学生的学习环境，是否提升了学生对体育课的喜爱程度，是否调动了学生参与体育活动的热情，是否帮助学生养成了良好的体育道德情操。

通过问卷调查，了解控制班实施传统教学模式的教学效果，观察学生对体育学科的学习态度，观察学生在课上的情感投入和情意表现。

2. 观察法

教学中，利用观察法了解实验班和控制班学生的学习热情和知识掌握情况，做好课后反思与小结。

为了让教师能够深入进行小组化学习模式的研究，使教师成为科研型人才，提示教师课后要善于进行反思和小结，时时记录课上发生的具有代表性的、鲜活的教学实例，为小组化学习模式实验研究提供更多有价值的素材。

3. 研究对象

实验班：三年级（1）班和三年级（2）班共60人，其中男生31人，女生 29 人。

控制班：三年级（3）班和三年级（4）班共 60 人，其中男生 30 人，女生 30 人。

三、结果与分析

1. 创设和谐的小组化学习模式的氛围，提高学生对体育课程的学习兴趣

在实验班的日常教学中，教师对一些传统、单调的技术教学内容进行了再创造和加工，使教学内容更加适合学生小组化学习的需要。教师在教学中引导学生自由结伴确定小组人员，让学生进行小组化学习，改变了以往教师教、学生学的“生硬”教学模式，为学生有效学习提供了广阔的舞台，也为学生更好地实践小组化学习模式提供了保证。

为了掌握实验班和控制班学生实验前后对体育课程的喜爱与关注程度变化，笔者进行了问卷调查，分析结果见表 1。

表 1　你喜欢上体育课吗

分　班	测试前后	喜　欢	一　般	不喜欢
实验班	前　测	52 人（86.7%）	5 人（8.3%）	3 人（5%）
	后　测	55 人（91.7%）	3 人（5%）	2 人（3.3%）
控制班	前　测	54 人（90%）	3 人（5%）	3 人（5%）
	后　测	54 人（90%）	2 人（3.3%）	4 人（6.7%）

（注：两个班总人数分别为 60 人。）

通过问卷调查分析得出：实验班喜欢上体育课的学生人数有所增加，而控制班喜欢上体育课的人数没有明显的变化；实验班不喜欢上体育课的学生人数有所减少，控制班不喜欢上体育课的人数略有增加。由此可见，传统的教学模式很难调动起学生对体育的学习兴趣，影响了学生的学习效果。而小组化学习模式的应用能够调动起学生的学习热情，使学生更加喜爱体育课。

2. 建构和谐的人际交往环境，加强学生间的交流与合作，促进学生间的真情交融

和谐的人际交往环境是学生成长的沃土，学生应在学习中学会尊重与

理解同伴，逐步得到同伴的尊重与信任，这样才能更好地进行小组化学习模式的实践研究。在控制班的教学中，由于采用传统的教学模式，只注重技术动作的传授，忽略了学生的主动求索，缺失对学生的思想教育，阻碍了学生间的交流。在实验班的教学中，教师通过小组化学习模式的教学实验，利用多种教学方法（讲解示范法、体验法、感悟法、学练法、重复练习法等）进行有针对性的教学，提高了学生的人际交往能力，增强了学生的小组合作意识，并且在教学中营造了和谐的人际交往环境，为学生良好体育道德的形成奠定了基础。

例如，在快速跑的教学中，教师全面考虑了学生的性别和运动能力，对学生进行了均衡细致的分组，从而为学生的小组化学习提供了机会。教师为了达到最佳教学效果，首先提出了区别于传统教学的新型评价方式，即看一看哪个组小组化学习模式的环境最和谐、组内技术指导的能力最强，评选出最佳小组化学习模式小组。

通过小组化学习模式的实验干预，学生之间的关系发生了明显的转变，详见表2。

表2　对“学习过程中同学间应互相尊重与信任”的态度的调查统计

分　班	测试前后	应　该	无所谓	不应该
实验班	前　测	37人	20人	3人
	后　测	50人	9人	1人
控制班	前　测	40人	13人	7人
	后　测	42人	12人	6人

通过问卷调查分析得知：实验班学生对学习中相互尊重与信任的重要性的认识有了明显变化，而控制班变化不明显。由此可见，通过一段时间小组化学习模式的实验，实验班学生的人际交往能力有了明显的进步，大多数学生都能够在学习中主动尊重同伴。这一实验研究促进了学生间人际关系的和谐发展，增进了学生间的互助配合。

3. 采用小组化学习模式，转变学生的学习方式

小组化学习模式让学生得以主动获得体育知识与技能，加深了学生对知识的记忆，提升了学生的学习效果。教师为了让学生较好地参与小组化

学习，主动为实验班学生构建了小组化学习的学习环境，为学生提供了共同合作和探究的研究主题和充足的研究时间，同时也为学生提供了及时的指导，使学生的学习得以顺利进行，改变了学生被动接受知识的学习方式。

通过小组化学习模式的实验干预，实验班学生的学习方式发生了巨大的转变，详见图1。

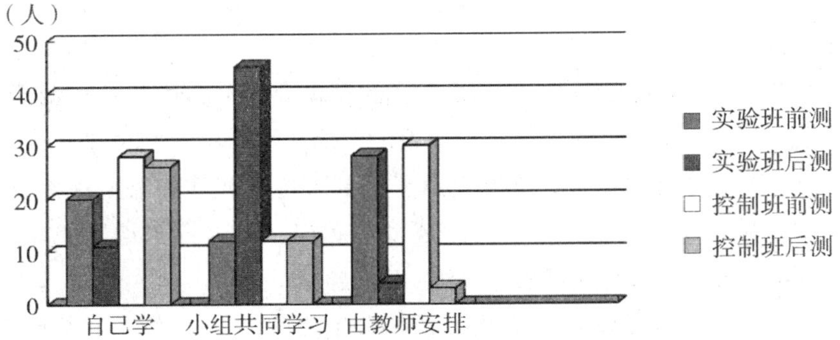

图1　在体育课中如何对“学习”的态度的调查统计

通过问卷调查可见：小组化学习模式让实验班学生体验到了学习的快乐，学生由被动接受知识转变成为主动获取知识，真正成了知识的主宰者。而控制班学生在传统教学模式的教学下不但没有表现出较高的合作探究欲望，还形成了复杂的学习心理，大大降低了学习热情。

4. 培养学生良好的小组化学习能力，使学生具备心中有他人、共同学习、共同进步的优良品质

小组化学习模式的最终目的就是让学生在学习过程中忽略“小”我而重视“大我”，也就是让学生在学习中能够主动帮助他人、明白集体的利益高于一切、达成共同进步和共同提高的目标。控制班教师采用了传统教学模式，学生在学习中只重视自我对知识的掌握，形成了以自我为中心的学习观念，很少会主动去帮助其他同学。而在实验班的教学中，教师在引入新型评价方式的同时注重对学生间互帮互学的引导，使学生间形成了互帮互学的关系，极大地调动了学生的学习热情，提高了学生的学习效率。具体情况详见图2。

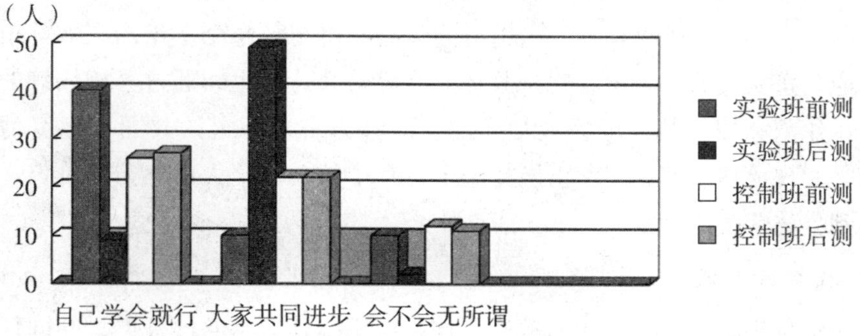

图 2　对“在体育学习时自己获取知识的同时，愿为他人做些什么”的态度为调查统计

通过问卷调查分析得出：实验班学生的思想和主观意识前后发生了巨大转变，不再以自我为中心，而是能够主动为同伴的进步提供支持和帮助，愿意共同进步。而控制班通的学生没有主动帮助他人的表现，在学习中也表现得更不积极，学习效果有明显下降的趋势。

四、结论与建议

（一）结论

1. 在学习的过程中学生应互相尊重，相互信任

尊重是人与人交往的基础，包括尊重自己和尊重他人。学生首先要尊重自己的言行、品质和德行等，在此基础上才会自觉地去尊重他人。学生之间形成一种平等、和睦的氛围，有利于学生在小组化学习中得到发展。

例如，在教学中，首先由学生自主选择练习的伙伴以结合成小组。由于小组成员的身体素质、技能、知识水平等因素存在差异，成绩高低可能会直接影响组内的合作，会导致学生之间不尊重的语言和动作的出现。为了避免此种情景的出现，在开始学习之前，教师应该使学生从内心深处主动去尊重每位组员，这样才有利于小组化学习模式的开展，才有利于学生的进步。

2. 在学习的过程中学生应互相依赖，相互帮助

互相依赖和相互帮助是相辅相成、相互促进的，没有学生间的互相依赖，就没有学生间的相互帮助。互相依赖取决于学生间相互帮助的深度，

相互帮助则取决于互相依赖的程度。应该让学生认识到，在某种程度上他们是一个小的团队，任何一名组员的失败都将导致整个小组的失败，组员间应真正做到取长补短、同舟共济、荣辱与共。学生间通过互相依赖的促进性作用和相互帮助的实效性作用，能够为实现小组的共同目标努力拼搏，实现成功的梦想。学生能在这个过程中体现出个人的魅力及价值，体会到集体荣誉感。

（二）建议

进行小组化学习模式的教学，首先要明确什么是共同任务。共同任务应具备如下几个特征：

（1）本项任务一定是有一定难度且有研究价值的。

（2）本项任务的完成需要全组成员共同参与。

（3）本项任务是小组成员共同努力才能够完成的。

（4）本项任务完成后小组成员都应该有所收获。

小组化学习模式是否达到了最佳效果，评价标准是小组成员在完成任务的过程中有无收获，个人是否为小组做了什么。一名学生自己完成了小组的任务，这并不会给小组带来荣誉。因为这只能表明这名学生有较高的才能，不能代表小组的水平。所以，小组的任务需要全组成员共同去完成。

综上所述，小组化学习模式的实验给我们带来了广阔的操作空间，也给学生带来了自主活动空间，它使师生关系、生生关系更加亲密。学生在小组化学习模式的氛围中加强了交流和研讨，从中获得了更多的知识，懂得了更多的道理，也学会了如何与他人交往。

社会在变迁，但共同发展仍是世界永恒的主题，社会进步离不开那些具备较强社交能力和合作才能的人才。因此，通过小组化学习模式培养出来的学生，才是社会真正需要的人才。只有他们才会创造出祖国更美好的明天！

【参考文献】

[1] 彭贤智．以学生为主——当代教育改革新思潮［M］．济南：山东教育出版社，2001.

[2] 阿黛尔·法伯，伊莱恩·玛兹丽施等．如何说　孩子才肯学［M］．霍雨佳译．北京：中央编译出版社，2013.

条件限制法在小学一年级前滚翻教学中的应用

【摘要】条件限制法是脑随意运动的生理机能，是以大脑皮质为活动基础的暂时性神经联系。条件限制法分为消退抑制与分化抑制。

【关键词】条件限制法　小学一年级　前滚翻　应用

一、研究目的

随着生活水平的不断提高，健康问题已经成为人们共同关注的话题。随着少年儿童身心健康状况不断下降，社会各界已将关注的焦点聚焦在了少年儿童身上，体育与健康学科越发受到青睐与重视。这种过分期待与依赖也产生了许多问题，例如，家长只关注学生的体育测试成绩，而忽视了自身督促作用的发挥。又如，家长只关注学生体育课上玩得是否开心，而忽视了对学生身体形态与运动能力的协同培养。再如，学生在体育与健康课上一旦出现意外，家长就将全部责任都推卸给体育教师。可以说，现在的体育教学已成为一种“高危职业”。少数低年级体育教师为了避免伤害事故的发生，教学时特意选择了技术难度低、运动量小、无竞争对抗、危险系数较低的运动项目，对体操中垫上技巧项目更是避而不谈，以求“保全自己，成全学生”。

对现阶段的体育教师而言，一定要更加勤奋和努力，让自己成为体育教育的复合型人才，形成德、才、能、技兼备的综合素养。体育教师不仅要具备高尚品德，还应该具备较强的教学创新精神与实践研究能力，实现体育教学的科学化发展。在小学课程改革的推进中，加强条件限制法的应用，有助于切实提高学生的运动能力与技术水平。教师作为教学组织者，要在前滚翻的教学中让条件限制法的应用成为成就学生掌握前滚翻技术的关键，从而获得课堂教学的最佳效果。科学合理地运用条件限制法激发学生学习前滚翻的兴趣，调动学生的学习热情，引导学生从体验前滚翻动作入手，体会低头、蹬腿、团身紧、滚动圆滑且成直线的动作方法，培养学生学习体育的兴趣，使学生逐步养成终身参与体育锻炼的好习惯。

二、研究对象与方法

1. 研究对象

清华附小商务中心区实验小学一年级（4）班（对照班）与一年级（5）班（实验班）。

2. 研究方法

（1）文献资料法。

查阅与本项测试有关的文献和资料，整理、分析后将其作为研究中的参考资料，以保证本项研究的顺利进行。

（2）数理统计分析法。

对照两个班学生测试成绩的差异，并进行统计、对比、分析。

（3）实验法。

在前滚翻教学单元 6 次课的教学中，用条件限制法与常规教学法分别进行教学，对照班利用常规教学法，实验班利用条件限制法。待本单元 6 次课教学结束后，进行测试。测试结果显示实验班学生的测试成绩明显好于对照班学生的测试成绩。

（4）谈话法。

通过对实验班学生展开访问得知，前滚翻教学中条件限制法的应用对学生掌握前滚翻技术动作是科学有效的，并且这一教学组织形式深受学生喜爱。

三、结果与分析

（一）条件限制法对激发学生学习兴趣与提升学生学习效果的作用

条件限制法是脑随意运动的生理机能，是以大脑皮质为活动基础的暂时性神经联系。在学习与掌握运动技能时，学生的生理本质建立运动条件反射的过程，条件反射的兴奋过程与抑制过程为大脑皮质的两个基本神经过程。两个基本神经过程相互对立，相互转化，相互制约，而又相互平

衡，因而抑制过程的合理运用对人较快获得正确的运动技能具有重要的意义。（如表 1 所示）

表 1　利用条件限制法进行前滚翻教学对学生学习效果影响的统计（%）

	非常有效	很有效	有　效	无　效
女生	50	38.9	11.1	0
男生	82.4	11.1	6.5	0
总体	66.2	25	8.8	0

以上数据统计显示，实验班 100%的学生都感觉到，条件限制法在前滚翻教学中的应用对前滚翻动作的学习产生了一定的效果，且效果非常明显。通过条件限制法在前滚翻教学中的应用，学生积极参与丰富多彩的条件限制性滚动与滚翻游戏，不仅运动兴趣得到了激发，练习的主动性也得到了较好的调动，学生学练前滚翻的次数不断被刷新，为学生初步学会前滚翻的动作方法提供了保证。

（二）条件限制法在前滚翻技术动作难点的突破上起到至关重要的作用

体育教学具有显著的学科特点，即以身体练习为主要手段。一年级体育教学中教师首先要培养学生学习体育的兴趣，通过条件限制法中多种游戏活动的运用以获得突破教学难点的效果，并引导学生主动参与学习和游戏。教师要明白教学中绝不能滔滔不绝地讲解，应重点落实精讲多练的教学原则。条件限制法的应用恰好能够解决教学中“泛滥讲解”的问题，教师能够利用条件限制，较好地突破前滚翻教学中的重点和难点。（如表 2 所示）

表 2　条件限制法在前滚翻教学中的应用统计

	团身紧	方向正	滚动圆滑	低　头
条件限制法	前后滚动时限制滚动距离，体会团身紧的动作	在小垫子上贴标志线，限制学生的滚动方向	利用斜坡由上向下加速团身滚动，体验滚动圆滑的动作	利用下颚夹手绢的方法，限制学生抬头动作

（续表）

	团身紧	方向正	滚动圆滑	低　头
条件限制法	蹲姿低头抱小腿成“小篮球”，同伴间进行拍球游戏，限制身体打开，体会团身紧的动作	组合三块小垫子，形成一个凹形沟，限制学生的滚动方向	利用小腿前贴标记的方式，提示学生抱小腿、团身，限制身体打开的动作，让滚动更加圆滑	
	利用呼啦圈作为前滚翻时的条件限制，迫使学生在练习中做出团身紧的动作	两人一组，帮助者将练习者容易滚歪方向的手在支撑时向前移动一个手位，以限制学生的滚动方向		
	利用前滚翻时不碰倒前方立放小垫子的方法，迫使学生做团身紧的动作			

根据表2可以看出，教师可以通过条件限制法组织体育活动，也可以将练习变成丰富多彩的具有趣味性的游戏活动，让学生在多种游戏活动中快乐地学练，进而突破教学重难点，初步学会前滚翻的动作方法。

（三）常规教学与条件限制法实施后教学效果的差异，为测试成绩提供客观依据

常规教学是教师传统的讲授式教学。教师先通过示范来讲解动作方法，帮助学生建立正确的动作概念，然后再通过重复练习法组织学生进行反复的学练活动，设置纠正易犯错误的教学环节，直至单元课时结束。条件限制法是根据每节课所学内容的重难点，设计出具有针对性的条件限制法学练内容，引导学生从体验、感悟入手，在合作与探究教学氛围中由浅入深地逐步学会前滚翻动作方法。例如，在初学前滚翻时，教师在小体操垫上设计张贴了手撑标志点、头后触点以及前滚翻标志线，以此来限制学生初学时手撑与蹲撑位置，同时利用标志线来暗示前滚翻时滚动呈直线的动作要求，能有效地促进学生对前滚翻技术动作的掌握。（如表 3 所示）

表 3　常规教学与条件限制法两种方法教学后前滚翻测试成绩统计（%）

	优　秀	良　好	合　格	不合格
常规教学	25.7	48.6	14.3	11.4
条件限制法	57.1	37.1	2.9	2.9

以上统计数据显示，以条件限制法教授的实验班学生，测试成绩明显优于对照班学生。由此可知，条件限制法对实验班学生学习和掌握前滚翻技术动作产生了积极的促进作用，同时实验班学生学练前滚翻技术动作时错误动作出现极少，正确动作的重复性练习较多，所以前滚翻动作完成质量高，测试成绩更好。

（四）条件限制法在前滚翻教学中的应用，促进了学生合作精神与探究能力的发展

体育教学对于刚刚步入小学的一年级学生而言，既陌生又新奇。课上学习时学生总是出现自我学习为主的思想，缺少同伴间的互助与合作，学习的成效较低，运动能力与技术水平提升缓慢。条件限制法在一年级前滚翻教学中的应用，不仅培养了学生同伴间相互合作的精神，增强了学生关爱他人的责任感，还使学生的探究能力得到了发展，激发了学生主动获取知识的兴趣，真可谓一举多得。（如表 4 所示）

表 4　常规教学与条件限制法两种方法教学对学生合作精神与探究能力的影响的统计（%）

	自己学习	合作学习	探究学习	
常规教学	76.2	12.8	11	
条件限制法	0	54.3	45.7	

根据表 4 可以看出，条件限制法在教学中的应用有效地促进了学生间的互助与合作，使学生间形成了较好的依帮关系。学生在同伴的保护与帮助下通过参与各种有限制条件的小游戏，初步学会了前滚翻的动作方法，培养了合作精神。同时，在合作过程中遇到困难和问题时，学生也能够通过教师提供的已有条件，在共同探究中解决困难和问题，获得成功的感

受，这发展了学生的探究能力。然而，培养学生的合作精神与探究能力，在常规教学中是难以实现的。

（五）条件限制法成为活跃课堂气氛的“法宝”，成为提升教学效果的“铺路石”

条件限制法的应用使实验班学生将学习前滚翻当成了一种乐趣，使得课堂教学氛围变得十分活跃。学生在各项有条件限制的游戏中大胆尝试、互助练习、勇于挑战，初步学会了前滚翻低头、团身、滚动圆滑、抱小腿成蹲撑的动作方法，形成了较好的体操素养，同时学生对体育课的喜爱程度也加深了。（如表 5 所示）

表 5　常规教学与条件限制法两种方法对学生学习课堂氛围的影响的统计（%）

	宽松愉悦	紧张忙碌	乏味无趣
常规教学	0	74.3	25.7
条件限制法	97.1	2.9	0

苏霍姆林斯基曾经说过：“所有能使孩子得到美的享受、美的快乐和美的满足的东西，都具有一种奇特的教育力量。”通过观赏获得运动之美的感受，通过体验获得快乐和美的满足，这就是体育教学的力量。心理学研究表明，轻松愉快的学习氛围能使学生以愉快的心境学习、思考并获得知识，有利于培养学生的学习兴趣。所以营造宽松愉悦的课堂学习氛围，对学生学习效果的影响尤为重要。根据表 5 可以看出，利用条件限制法进行教学的实验班，97.1%的学生认为课堂学习氛围宽松愉悦，学生在这样的学习氛围中主动参与、勤于思考、积极合作、主动探究，不仅提高了学习能力，而且发展了运动技能。

四、结论与建议

1. 结论

（1）条件限制法的应用获得了显著的教学效果。条件限制法对学生提升前滚翻技术动作水平起到了重要作用，为学生快速掌握前滚翻正确动作技能提供了重要的限制条件。

(2) 条件限制法的应用创建了宽松、愉悦、和谐的教学氛围，学生得以全身心投入各项学练活动中，在兴趣的推动下主动练习、积极思考，获得了许多成功的感受。

(3) 条件限制法的应用增强了师生间、生生间的交流与合作，使学生迸发出更多的智慧与灵感。在生生互助合作、探究中，学生初步学会了前滚翻动作方法，掌握了生活中滚动与滚翻的实用技能。

2. 建议

(1) 加强一年级学生良好纪律习惯的养成教育，为条件限制法在教学中的广泛应用提供支持和保证。

(2) 在体育教学中要多进行条件限制法创新，使之更加符合各年级学生学习的需要，由此来促进体育教学质量的提升。

(3) 对于限制条件的选择，教师要注意做到科学严谨，避免形式新颖而效果不佳的情况出现，以至于对教学效果产生不良影响。

【参考文献】

[1] 李建臣．体育教学方法手段新视野［M］．北京：化学工业出版社，2014.

[2] 毛振明，于素梅．体育教学方法选用技巧与案例［M］．北京：北京师范大学出版社，2009.

[3] 毛振明．实用学校体育学［M］．北京：北京师范大学出版社，2009.

[4] 毛振明．小学体育教师专业能力必修［M］．重庆：西南师范大学出版社，2012.

[5] 陈刚．体育游戏［M］．长春：吉林出版集团有限责任公司，2008.

沙包在小学体育游戏中的创新性研究

【摘要】沙包是一种常见的体育器材，由于游戏组织形式多样，深受广大学生的喜爱。沙包游戏的开发与研究，充分发挥了学生主体作用，调动了学生的参与热情。教学中完善游戏内容，创新出了多种器材和游戏方法，拓展了学生视野，并给学生提供了一个了解世界体育游戏与活动的契机。

【关键词】沙包　学生　体育

一、研究目的

2007年，我国了出台了《中共中央国务院关于加强青少年体育增强青少年体质的意见》。增强青少年体质，促进青少年健康成长，是关系国家和民族未来的大事，对培养中国特色社会主义事业的合格建设者和接班人来说具有重要意义。

沙包是一种常见的体育器材，由于游戏组织形式多样，深受广大学生的喜爱。沙包的具体游戏形式多出现于民族传统体育活动中，并有部分内容被选用于民族运动会的比赛中。沙包游戏多通过投、抛、接、夹、踢等多种运动方式来进行，能够较好地锻炼人体各部位的肌肉力量，提高身体协调性和灵活性，具有较高的锻炼价值和文化传承意义。

二、研究对象与研究方法

1. 研究对象

XXX小学全体学生共876人，其中男生444人，女生432人。

2. 研究方法

以行动研究法为主，以问卷调查法、观察法、数据统计法、案例分析法为辅。

三、研究结果与分析

（一）研究结果

1. 开拓思维，创新沙包游戏内容

（1）科学分析，创新沙包游戏内容。

沙包作为一种被普遍使用的投掷器材，具有重量可选择、抓握方便、安全轻便等优势，适用于各种游戏和比赛。

对于传统教学内容而言，沙包本身的价值只单纯地存在于投掷项目的学习中，比如，从低年级教学内容中的抛接轻物、正面持轻物掷远、投准，到中年级教学内容中的侧向投掷、上一步投掷，再到高年级教学内容中的助跑投掷沙包。在传统教学中也有一些简单的沙包游戏，例如，投沙包、冲过封锁线等。这一类教学内容和游戏方法较为简单，没有最大限度发挥沙包的实用价值，局限了沙包游戏在小学阶段的锻炼价值。为了让沙包这种传统的体育器材在教学和游戏中发挥出更大作用，我们充分调动了学生的学习热情，巧用沙包在小学体育游戏中进行创新性研究。

（2）大胆创新器材，丰富沙包游戏内容。

器材在游戏中起着重要作用，不但能够加快游戏进程、增强游戏的趣味性和对抗性，还能合理地变换游戏方法、比赛组织形式。器材的创新能够为游戏创新提供条件，也能为开发出更多的沙包游戏提供帮助。因此，我们从创新器材入手，将沙包的概念宽泛化，对其形状、大小、填充物方面进行研发和创新，让游戏器材更加充足，让游戏方法更加多彩。通过教师、家长、学生的共同努力，共创新了两大类器材，一种是从形状上创新，一种是从填充物上丰富。我们的创新器材包括菱形包、三角形包、橄榄球包、海绵球、废旧报纸球等，为沙包游戏的创新性研究提供了充足的器材储备，也弥补了学校器材的空缺。

（3）明确学生需求，确定研究方向，丰富游戏内容。

现阶段素质教育的发展方向，是教师如何将多种教学因素实施于教学中，促进学生综合素质的全面提升。对于现阶段体育教学而言，教学的侧重点应该倾向于学生的学习需求，以更加适应学生学习的需要，这样才具有实际的教学意义。

通过前期问卷调查，具体统计情况如图1所示。

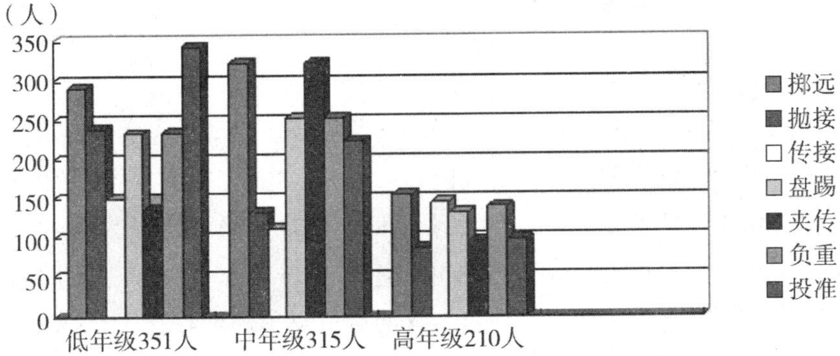

图1　学生对7项沙包游戏的喜爱程度

结果分析：通过问卷调查，教师了解了学生的实际需求。由于本次问卷调查采用了多选，从图中可以看出，各年级学生对7项沙包游戏均有一定需求。低年级学生更加喜爱沙包投准类游戏，中年级学生更加喜爱沙包夹传类游戏，高年级学生则更加喜爱沙包掷远类游戏。

沙包游戏的锻炼价值绝不单纯存在于发展学生的投掷能力中，还可以通过多种方式，使学生在身体协调性、灵活性、综合耐力、柔韧素质、快速反应等方面达到较好的锻炼效果，对促进学生综合素质的提升有一定的研究价值。

2. 创新与完善游戏方法，增强游戏的趣味性和竞争性

游戏方法是学生进行游戏的依据。教师通过讲解和示范游戏方法让学生知道如何进行游戏，随后学生通过科学运用已学知识与技能，开动脑筋想办法在游戏中努力获取胜利。

为了让学生知道游戏方法的作用，我们专门为学生印制了创编游戏须知，以提示创编游戏的注意事项，例如，场地设计、如何分组、如何进行比赛、如何计分、如何评定胜利等。

随着研究的不断深入，学生的参与积极性越发高涨。学生不但能够自己开动脑筋，还能够调动家长的参与热情，学生与家长合作创新出了多种游戏方法。经过一年的课堂实践与研究，各班推选出了一些精品游戏来进行最后的校级评选。

具体情况如表1所示。

表 1　各年级推选的精品游戏

年　级	创编游戏方法	被选中的精品游戏
一年级	26 个	21 个
二年级	32 个	23 个
三年级	43 个	22 个
四年级	45 个	30 个
五年级	47 个	21 个
六年级	58 个	22 个

沙包游戏方法的创编不仅调动了学生的主动性，也调动了家长的积极性。将校内学习知识向校外延伸，激发和调动家长的参与热情，使其能够和孩子一起享受沙包游戏带来的快乐，这在体育教学中是一种突破。

通过研究与分析，我们得出了如下结论：

通过教师、学生和家长的共同努力，共创编游戏方法 251 个，占全校总人数的 28.7%。初步筛选后共有 139 个游戏方法入选精品游戏。入选的游戏占全校创编游戏总数的 55.4%，超过总数的一半。通过归纳、总结和分析，这 139 个游戏方法从比赛形式上大致分为 5 大类：奔跑类、投掷类、对抗类、负重类、柔韧类。

经过一年的实践与反复讨论，学生对其中部分游戏方法进行了完善。例如，合理调整游戏场地大小与参加人数，合理调整游戏中的学生参赛方式和评判标准，合理调整游戏所用器材数量。这些调整使得游戏方法更加公平、公正。

3. 丰富沙包游戏组织形式，优化游戏细节，增强对抗性

游戏组织形式的不断完善，不但能够调动学生的参与热情，而且能使游戏更加公平。例如，在进行“骑马射箭”的游戏时，原本的游戏组织队形是圆形。学生通过游戏，感到游戏组织形式需要完善。他们考虑到了以下因素：跑进方向与投掷手的关系、跑进速度与投掷准确性的联系、标靶大小与投掷方向角度的关系等。经过讨论与研究，学生对游戏组织形式进行了进一步完善：将组织队形变成了椭圆形；将负重游戏融入其中，并限制投掷时间；在比赛中反复转换奔跑方向。如此一来创新了多种游戏组织形式，使得比赛更加公平。

通过研究，可以总结出组织形式变化主要有以下几个方面：场地设计

与组织、时间安排与组织、器材数量与组织、人员位置安排与组织、评判标准与组织等。

通过一年的教学实践与研究，学生对沙包游戏组织形式进行了精心的设计与完善，具体情况如表 2 所示。

表 2　沙包游戏组织形式创新统计

创编游戏	组织形式完善	单项游戏组织形式创新 1～3 个	单项游戏组织形式创新 4～6 个	单项游戏组织形式创新 7～10 个
251 个	72 个（占 28.7%）	87 个（占 34.7%）	80 个（占 31.9%）	12 个（占 4.8%）

4. 完善沙包游戏规则，保证游戏和比赛的公平

游戏规则是游戏和比赛的判罚依据。学生在游戏过程中必须按照游戏方法进行游戏，必须遵照游戏规则进行判罚。

从各班选送的游戏来看，问题出现较多的是规则不完善、不具体。为了保证游戏和比赛的公平性，我们成立了教师和学生的游戏规则评审小组，对学生认为有问题的游戏规则进行汇总、统计、分析，再通过实践来进一步完善，让游戏规则更加科学、严谨，保证比赛公平。

例如，在进行“鲤鱼跳龙门”的游戏时，原来只有简单的三条规则，不能公正判决比赛胜负。通过实践，学生开动脑筋，反复论证并完善了游戏规则，避免了游戏中多种不正当得利情况的发生，达到了公平、公正比赛的目标。

5. 采用多种评价方式，让学生玩有所乐、学有所得

小学阶段的游戏和比赛，不能简单地以成败论英雄，要通过综合评价，了解学生在游戏和比赛过程中的参与情况与临场表现。评价的内容应该包括以下几个方面：学生是否主动参与，是否能够为本队的获胜做出自己的贡献，在游戏中是否听从指挥、服从分配，在游戏中是否能够团结协作、荣辱与共等。以上内容也作为评选精神文明奖、优胜奖、“文明之星”等奖项的评价标准。

虽然游戏评价方法多样，评价规则较为细致，但在游戏过程中也会出现一些误差和不足。例如，在进行各项游戏时，大多数学生都在积极参与比赛，没有人会过多地去关注其他学生的参与情况与比赛得分情况，到了评价的时候往往会评价不准或有一定的误差。对于这种现象，我们可以利用以

下三种方法进行解决：①在比赛或游戏过程中，教师加大巡视力度，在关键时刻给予正确的引导。②将游戏和比赛中的评价标准量化，让数据来说明成绩。③明确分工后该名队员是否能够完成本项任务，且完成的效果如何。

至此以后，评价标准变得越发细致，能够对学生在游戏和比赛中的表现进行及时、有效、全面且公正的评价，让学生在沙包游戏中玩有所乐、学有所得。

四、结论与建议

1. 结论

（1）沙包游戏的开发与研究，调动了学生的参与热情，充分发挥了学生的主体作用。

学生乐于参与游戏，但在游戏活动中没有进行过深层的思考，属于相对被动的参与。然而，沙包游戏的设计与创编为学生主动参与游戏提供了一个广阔的舞台。学生可以根据自己和同伴的需求设计和创新游戏内容、方法、规则，成为游戏的设计师和学习的主体。然而，“设计师”要想让游戏更加科学、合理，还要具备组织其他学生参与游戏的能力和完善游戏的能力，这不但培养了学生的创新精神，还在一定程度上培养了学生的组织能力。由于是学生“自导自演”的游戏，学生参与意识空前高涨，每位学生都能够主动地参与到各项沙包游戏中，从中了解游戏方法，明确游戏规则，提高运动技能，这样便充分发挥了学生的主体作用。

（2）沙包游戏的开发与研究，完善了游戏的各项内容，创新出了多种器材和游戏方法。

随着对沙包游戏创新研究的不断深入，产生了一些有待解决的问题，例如，器材过于单一，不利于集体项目的使用；游戏规则有待完善；组织形式和上场人数需合理调整。这不但为教师提供了研究的问题，同时也对学生完善游戏提出了新问题。困难既是压力又是动力，学生开拓思维，凝心聚力，经过讨论与研究，创新出了形状不同、重量各异的沙包，形状有椭圆形、圆形、三角形、正方形等，重量有200克、300克等。随着多种创新器材的诞生，多种游戏方法也相应出现，例如，“击鼓传包”“齐心迎包”“三角包联赛”“角力冲击”等。以上器材的创新不但丰富了集体游戏内容，还将个人游戏逐步向集体游戏推进，既有利于增强学生的团队荣誉感，也拓展了游戏种类，提高了游戏难度，激发了学生的参与热情，为沙包游戏的开发与研究提供了有效的实践平台。

（3）沙包游戏的创新性研究，开阔了学生的视野，为学生提供了一个了解世界沙包游戏的契机。

我校是一所涉外教育的公办学校，有其教育的特殊性和优越性。为了开阔学生的视野、增长学生的见识、丰富沙包游戏方法，学生以小组研讨的形式和各国的小朋友进行了深入的交流，从而获得了许多有价值的信息，创新出了多种游戏方法，丰富了沙包游戏的内容。例如，将“跳房子”游戏的组织队形变化为多种图形（圆形、三角形等）；将泰国的藤球运动引入课堂，利用自制高弹力海绵包代替藤球，游戏方法和规则不变，场地相应缩小。学生最喜欢玩的就是“橄榄球闯关”游戏，利用自制橄榄球，通过全体队员的努力来得分，学生从中体验到了团队荣誉感。通过这些创新，学生不但增长了见识，丰富了体育知识，还满足了求知欲。

2. 建议

如果想继续进行沙包游戏的创新性研究，应该注意游戏规则的变化。

（1）在低年级教学时游戏的规则要简而精。

（2）对于游戏中的细小规则，可以通过反复游戏去验证，以便及时更改。

（3）对场地的要求可以根据学生人数、实际情况和运动水平进行合理的调整，使游戏规则更加科学合理。

综上所述，沙包游戏的创新性研究为培养学生的实践能力和创新精神提供了广阔空间，使师生关系、生生关系更加亲密，学生得以在宽松、愉悦的氛围中进行交流和研讨，从中获得了体育知识、运动技能和方法，提高了自己的人际交往能力。

对于日新月异的未来，创新型人才是极为缺失的。因此，通过沙包游戏创新性研究培养出来的学生，能够适应时代的发展，能够具有较强的实践精神和创新能力，定能成为创新型人才！

【参考文献】

［1］彭贤智．以学生为主——当代教育改革新思潮［M］．济南：山东教育出版社，2001.

［2］季浏，胡增荦．体育教育展望［M］．上海：华东师范大学出版社，2001.

第五章

教法创新引领学法变革伴学生走向聪慧

前滚翻教学金点子

前滚翻是体操——垫上技巧的基本动作，学生通过本项教学内容的学习，可以提高身体平衡能力与空间定向能力，发展柔韧、灵巧、协调等身体素质，培养敢于挑战、勇于拼搏的体育精神。学生还可以通过本项教学内容的学习，掌握一种自我保护的动作方法，以在面对突发危险时及时做出自我保护动作，化险为夷。

为了便于学生记忆，我们创编了前滚翻动作方法的口诀——“一低二提三滚翻”。前滚翻时身体部位依次着垫顺序是头后、颈、肩、背、腰、臀。其动作要点是低头提臀，蹬腿有力，滚动圆滑，团身抱腿（小），完成蹲撑。教学重点为团身紧似球、滚动圆又快、滚翻成直线等。教学难点为滚动圆滑、团身抱腿、直线滚翻、动作连贯等。其保护与帮助方法为保护者单膝跪立于练习者一侧，一手托其肩，一手压其小腿，必要时扶其腰、背以帮助其成蹲立状态。

前滚翻对于一年级学生而言存在着一定的学习难度和危险性，教师教学时一定要培养学生严肃认真的学习态度，使学生逐步形成较强的自主保护与保护他人的体操意识，帮助学生明确鲁莽从事体操项目学习的严重后果，让学生在“三重保护”（自我保护、他人保护、器材保护）的前提下安全参与体操课程的学习。

一、方法 1

利用小垫子上贴标志、标点、标线的方法，引导学生在初学前滚翻时准确找到手撑与头后的着垫位置。

1. 练习方法

教师引导初学学生，确保其在同伴的保护与帮助下，蹲撑时能够准确找到手撑位置，能够明确前滚翻时头部应着垫的位置。

2. 练习实效

通过粘贴的标志、标点、标线，学生能够准确地找到手撑位置，在同伴的保护与帮助下顺利完成前滚翻动作。

3. 练习建议

（1）学生初学时往往会产生恐惧心理，教师要及时进行心理疏导，帮助学生树立学习的信心。

（2）引导学生间形成互助学习小组，使其在同伴练习时能够给予正确的保护与帮助，保证学练安全。

（3）初学时教师不要过多强求学生能够做出蹬地有力的动作，应多提示低头动作，避免学生头部顶垫子出现颈椎扭伤。

二、方法2

利用膝关节处夹沙包的方法，掌握前滚翻时膝关节闭合加紧的动作。

1. 练习方法

教师引导学生在选择性保护与帮助下，利用膝关节夹沙包的方法完成前滚翻动作。

2. 练习实效

通过膝关节夹沙包的方法，有效提示和限制了学生前滚翻时膝关节分开的错误动作，为学生标准、规范、高质量地完成前滚翻动作打下基础。

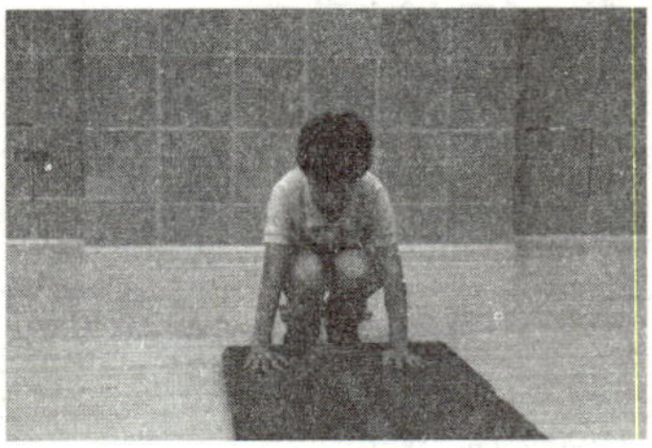

3. 练习建议

（1）在练习膝关节夹沙包的前滚翻时，可以结合游戏或比赛进行，这样不但能够提高学生的练习兴趣，而且能促进学生前滚翻技术水平的提升。

(2) 结合学校现有器材情况，进行适当的器材选择，例如，海绵包、手帕、卷好的短跳绳等。

三、方法3

利用呼啦圈进行练习，掌握前滚翻时团身紧、蹬腿有力的动作。

1. 练习方法

两人一组，一人手扶立放呼啦圈，另一人完成前滚翻动作。

2. 练习实效

通过两人一组利用呼啦圈进行前滚翻练习，能够引导学生较好地完成蹬腿有力、团身紧的动作，为学生高质量完成前滚翻动作提供了保障。

3. 练习建议

(1) 学生在利用呼啦圈练习时，应具备脱离保护条件独自完成前滚翻动作的能力。利用此种练习方法可以强化前滚翻时蹬地有力和团身紧的动作技术。

(2) 切记，不要在学生初学时使用此种方法，避免学生蹬地过于用力，造成颈椎和胸椎损伤。

(3) 选择呼啦圈时，应根据学生身体与技术水平的差异适当选择（呼啦圈直径一般为60厘米、50厘米、40厘米），方可达到最佳练习效果。

四、方法4

增加起始小垫子的高度，提高滚动速度，引导学生较好地完成前滚翻动作。

1. 练习方法

学生根据自身前滚翻水平，正确选择起始垫子的高度，完成前滚翻动作。

2. 练习实效

通过利用折叠垫子能提高学生的滚翻速度，改善学生由于蹬地力量不足不能连贯完成前滚翻动作的状况，为学生获得前滚翻完整技术动作的成功体验提供了必要条件。

3. 练习建议

（1）在练习时，教师要根据学生前滚翻的实际能力选择性安排学生间保护与帮助的程度。

（2）在练习时，根据学生的学习能力适时适度降低起始垫子的高度，增加练习的难度，让学生在获得成功体验的同时提高前滚翻技术能力。

五、方法 5

利用小垫子多种形式的叠拼摆放，掌握前滚翻成直线的动作。

1. 练习方法

利用多种形式的小垫子叠拼组合，进行前滚翻动作练习，引导学生重点体会前滚翻成直线的动作感觉。

2. 练习实效

利用多种形式的小垫子组合与叠拼摆放，能够帮助学生顺利完成前滚翻动作，并能够帮助学生高质量完成前滚翻成直线的动作，且动作标准、自然、优美。

3. 练习建议

（1）在练习时教师要引导学生适当选择叠放垫子的方式，在初次体验时可选择三块垫子纵放叠拼，垫子摆放后中间形成一条沟，学生在练习时利用这条沟，顺利完成前滚翻成直线的动作。

（2）如果此种方法还不能很好地纠正学生滚翻方向不正的问题，应根据学生实际情况，进行纠正。例如，前滚翻时如果经常向右侧歪，就要利用两块垫子纵向叠拼的方式，科学合理地加高右侧的垫子高度，有效限制学生在前滚翻时向右侧偏出，起到引导学生前滚翻成直线的作用。

（3）学生在利用三块垫子的叠拼练习时，前滚翻动作水平明显提高。为了提高学生学习兴趣，教师可根据学校器材实际，利用多块小垫子分两侧摆放，让学生进行“滚过山凹”的游戏，帮助学生在提高学习兴趣的同时，巩固前滚翻的技术动作。

六、方法 6

利用立放小垫子的方法，掌握前滚翻团身紧的动作。

1. 练习方法

两块小垫子，一块纵向平放，一块在其前端立放。要求学生在进行前滚翻练习时尽量不碰倒前端立放的小垫子，迫使学生在前滚翻练习时尽可能地做出屈腿团身的动作。

2. 练习实效

通过利用立放小垫子进行前滚翻动作的练习，有效地对学生屈腿团身动作进行了限制，迫使学生在前滚翻时做出团身紧、屈腿、手紧抱小腿的动作，为学生顺利完成前滚翻动作提供了必要的技术支持。

3. 练习建议

（1）在进行本项练习时可以结合闯关游戏或比赛进行，以提高学生学习兴趣为出发点，以促进学生前滚翻技术水平的提升为目标。

（2）练习时教师注意巡视、协调和组织，帮助学生选择适当立放垫子的位置，避免垫子立放位置不准，造成学习秩序的混乱，影响学习效果。

七、方法7

利用两人一组的拍球游戏，掌握前滚翻团身紧的动作。

1. 练习方法

两人一组，一人低头团身抱小腿当球，另一人当拍球人。拍球游戏开始后，当球的人利用低头团身抱小腿连续蹲跳的方法，配合拍球人完成规定个数的拍球动作。

2. 练习实效

通过进行本项游戏，可以让学生在体验中初步感受到前滚翻低头、团身、抱小腿的动作方法，解决了团身不紧及前滚翻时身体打开的问题。

3. 练习建议

（1）学生在练习前，教师先做好安全教育工作，避免学生课上携带尖锐器物，保证学生的学练安全。

（2）练习中提示学生注意安全，避免学生摔伤与扭伤。

八、方法8

利用垫子高度差，掌握蹬地有力的动作。

1. 练习方法

两块小垫子纵向重叠放置，利用高度差，由低向高进行前滚翻动作练习，提高蹬地力量。

2. 练习实效

通过利用重叠放置小垫子的高度差，能够迫使学生在前滚翻时做出用力蹬地的技术动作，能够为学生连贯、快速完成前滚翻动作提供有效保障。

3. 练习建议

（1）本项练习只是激发和调动学生学习兴趣的一种方式，有助于学生蹬地力量的快速提升，为后续以不同开始姿势进行前滚翻练习打下坚实的基础。

（2）本项练习不一定适用于全体学生，望各位教师能够结合学生实际情况酌情使用，以保证学生的学练安全。

后滚翻教学金点子

体操技巧项目是一项极具挑战性的学习项目，它需要学生具备良好的体操学习素养、懂得安全从事体操项目学习的重要性、知道在学练过程中如何进行自我保护、能够根据自身能力主动参与各种体操技巧项目的学练活动、提高技术水平和运动能力。

后滚翻是小学体操垫上技巧教学中的一项重点内容，有一定的学习难度，会使学生在心理上产生一些畏难情绪。教师要在后滚翻教学前了解学生同类项目的学习情况，对每一位学生的技巧能力与运动水平做到心中有数，这样才能保证制订的教学计划和教法措施具有实效性。需要注意的是，教师在后滚翻教学前一定要引导学生做好充分的准备活动，特别是要引导学生通过缓慢且力度适中的拉伸运动使颈椎、胸椎、腰椎得以充分活动，避免在运动中扭伤或其他危险事件的发生。

后滚翻的动作方法为背向滚动方向蹲撑，两手同时用力推垫，体后倒，低头、团身向后滚动，使臀、腰、背、肩、颈、头依次着垫，当肩部着垫时，迅速屈肘，两手放在肩上（手背尽量靠近肩胛，指尖朝后），用力推垫，推起成蹲撑，站立。其教学重点为推手有力、低头团身滚动、滚翻成直线等。其教学难点为团身紧、滚动圆滑、插手时机与手型位置准确、二次推手快速有力、滚翻后勾脚尖成蹲撑等。其保护与帮助方法是保护者单膝跪立于练习者侧后方，当练习者滚翻至肩部着垫时，一手提其肩，另一手提推其臀部助其滚翻。

后滚翻技术是一项人体向后滚动且翻转的连贯动作，其动作构成本身就存在着一些刺激学生心理恐惧情绪的诱因，人体正常情况下对外界事物的判断与分析主要依靠视觉、触觉、听觉、嗅觉、味觉来实现，其中视觉获得的外界信息最多，这也正是诱发学生学习后滚翻时产生恐惧情绪的主要原因之一。学生在学习后滚翻时眼睛几乎看不到整个动作的完成过程，只能依靠自身的感觉来完成后滚翻动作，其动作完成的难度可想而知。另外，后滚翻对学生的推手时机和力度控制还有着较高要求。

第一次推手是在后滚翻动作的起始蹲撑时，这次推手力度决定着整个后滚翻动作的走势，大多数学生在初学时由于心理恐惧往往忽略或舍去本次助推力，从而影响了整个后滚翻动作的完成，所以教师要通过巧妙的教法运用，引导学生将本次推手动作做到推力强劲，并引导学生后倒迅速，低头充分团身紧。其次是关键的第二次推手，本次推手不但要找准插手时机，更要对推手手型和推手力量提出更高要求，这样才能保证整个后滚翻动作顺利完成。插手时机是本次推手的关键，这个时机应该是在学生后倒肩背部着垫时，迅速完成屈肘，手背尽量靠近肩胛，指尖朝后，随后掌心

触垫，找到较好的支撑点和发力点，为接下来的推手发力提供保障。随着身体重心继续后移，当身体倒置重心移动大于 90 度时，迅速用力推手使重心升高，超过低头头位，完成后滚翻动作。为了避免学生后滚翻完成后跪立于垫子上，教师应当引导学生做出勾

脚尖前脚掌着垫动作，为完成蹲撑与站立动作提供保障。

一、方法 1

利用墙面进行自主推手练习，为后滚翻提供助推力。

1. 练习方法

教师引导初学学生面对墙面蹲撑，然后让学生通过双手推墙发力的方式获取向后滚动的动力，完成后滚翻。

2. 练习实效

通过自主练习推墙后滚翻，学生能够较好地获得完成后滚翻的推动力，找到后滚翻推手发力的感觉，为顺利完成后滚翻动作提供有效保障。

3. 练习建议

（1）学生初学时，教师应引导学生找到合适的对墙距离与蹲撑位置，引导学生顺利完成推手动作。

（2）教师在引导学生利用此种方法练习时，一定注意不要操之过急，以学生能够试用为主，不可强求只借助此力完成后滚翻动作，以免对学生身体造成伤害。

（3）练习时教师还要注意观察学生的学练情况，及时对学生进行心理疏导，帮助学生树立学习的信心。

二、方法 2

两人结组利用同伴给予的推手力量，完成后滚翻动作。

1. 练习方法

学生两人或多人结组，练习者与同伴迎面蹲立，掌心相对。练习者准备好后，帮助者推手给练习者施加向后的推力，练习者顺势低头向后滚动，完成后滚翻动作。

2. 练习实效

通过采用此种借助外力的方式，能够解决练习者推手无力的问题，可以实现借助他人推力提供初始动力，为练习者顺畅、连贯、高质量地完成后滚翻动作打下基础。

3. 练习建议

（1）在练习前，教师要提出明确的练习要求，帮助学生养成良好的体操学习习惯，保证学生的练习安全。

（2）在练习时，帮助者应根据练习者所需适当给予其推力，切不可施予蛮力，避免对练习者身体造成伤害。

三、方法3

两人结组利用推手练习体会插手时机与推手动作，为顺利完成后滚翻动作提供第二次推手力量。

1. 练习方法

两人一组，练习者蹲立屈肘，掌心向上至于肩上，且指尖向后，帮助者两腿分开站立于练习者身后与其掌心相对，两人相互配合反复练习，以获得后滚翻第二次推手发力的感觉。

2. 练习实效

通过两人一组的推手配合练习，可以引导学生较好地完成第二次推手动作，为其高质量完成后滚翻动作提供保障。

3. 练习建议

(1) 练习时，帮助者在引导练习者完成推手动作的同时，还要帮助纠正练习者的手位与指尖方向，为练习者获得高效的推手力量提供帮助。

(2) 在两人配合练习时，帮助者应主动提示练习者低头、肩上推手、保持身体平衡等动作，引导练习者初步掌握后滚翻的动作要点。

四、方法 4

使用自制教具弹力圈，为顺利完成后滚翻团身动作打好基础。

1. 练习方法

两人结合成小组，练习者蹲撑时，帮助者将弹力圈套于练习者大腿后侧与背部。当练习者进行后滚翻练习时，弹力圈会勒紧学生身体，限制其身体打开。如果练习者练习时身体打开，弹力圈会自动脱落。弹力圈的使用目的就是限制练习者身体打开，形成团身紧的后滚翻动作。

2. 练习实效

通过辅助教具弹力圈的使用，学生能够较好地完成团身紧动作，为高质量完成后滚翻动作提供了团身紧、滚动圆滑的必要条件。

3. 练习建议

(1) 在制作弹力圈时，可根据学生身高，适当选择弹力圈的尺寸，以能够稍勒紧身体为佳。(一般三年级学生设计长度为 80～90 厘米，体育特长生除外)

(2) 在初次使用时教师应引导学生使用弹力圈，以正确使用为佳。

(3) 对于团身技术较好的学生，可结合实际情况选择性使用。

五、方法 5

利用垫子上贴标志点的方式，引导学生后滚翻后双脚踩标志点，从而为顺利完成后滚翻后成蹲撑动作打好基础。

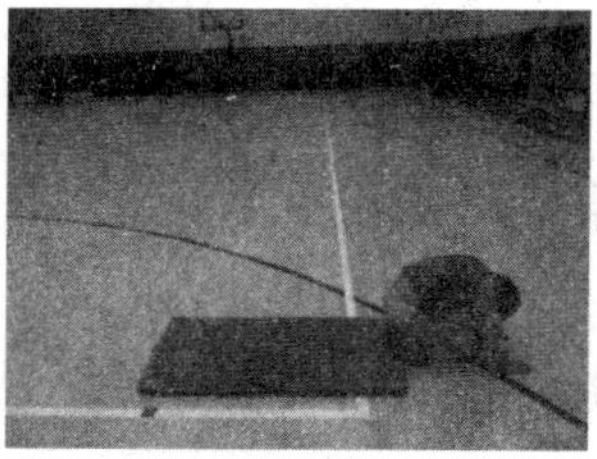

1. 练习方法

练习者练习前先根据自身后滚翻技术水平，在小垫子上选择适合位置，贴好两个标志点。在自主练习完成后滚翻后成蹲撑动作时，学生要做到两脚前脚掌尽量踩在标志点上，迫使自己形成团身紧与勾脚尖完成后滚翻后成蹲撑的动作。

2. 练习实效

通过此种练习方法的使用，学生能够在练习中较好地完成团身紧与前脚掌着地的动作，为高质量完成后滚翻的结束动作提供强有力的保障。

3. 练习建议

(1) 此种方法能够有效解决学生后滚翻后成跪立的错误动作，如果能够与学生提示语言共同使用，效果会更佳。

(2) 在初次使用时，教师应引导学生根据自身水平选择在小垫子上的合适位置粘贴标志点，节省练习时间，以达到最佳练习效果。

(3) 初学时可以选择较大的标志点进行练习，待学生后滚翻成蹲撑能力提高了，再选择缩小标志点的尺寸，以达到增加学生练习难度，提高学生学练兴趣的目的，逐步引导学生快速掌握后滚翻成蹲撑技术。

六、方法6

利用下颚夹住小手绢的方法，掌握后滚翻时的低头动作，便于形成更好的团身动作，为顺利完成后滚翻动作提供安全保证。

1. 练习方法

教师引导学生在选择性保护与帮助下，利用下颚夹住小手绢的方法完成后滚翻动作。

2. 练习实效

通过下颚夹住小手绢的方法，能够有效提示和限制学生后滚翻时抬头的错误动作，为学生标准、规范、高质量地完成后滚翻动作打下基础。

3. 练习建议

在练习下颚夹住小手绢后滚翻时，可以结合游戏或比赛进行，如此不仅能够提高学生的练习兴趣，而且能够促进学生后滚翻技术水平的提升。

七、方法 7

利用加高小垫子的方式，使垫子形成一个自然斜坡，以此来加快学生后滚翻的后滚速度，为顺利完成后滚翻动作提供速度保障。

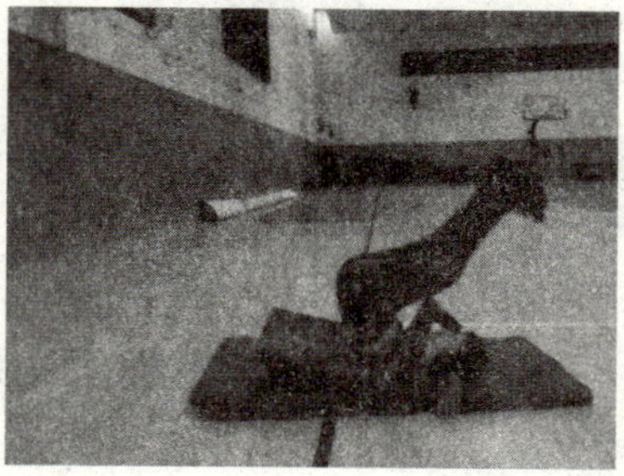

1. 练习方法

练习者在练习前用垫高小垫子的方式，让垫子形成一个自然斜坡，然后进行后滚翻练习。其目的是提高后滚翻后倒与滚翻的速度，为顺利完成后滚翻动作提供速度条件。

2. 练习实效

通过此种练习方法的使用，大部分学生能够借助这个自然斜坡顺利完成后滚翻动作。

3. 练习建议

（1）学生在初学时可以使用此种方法，有助于改善学生推手无力与后倒速度不足的问题，帮助学生顺利完成后滚翻动作。

（2）初学时由于垫子加高，有部分学生可能会产生恐惧心理，教师要进行适当的心理疏导，增加保护与帮助措施，引导学生借助此种方法顺利完成后滚翻动作。

（3）初学时学生可根据自身练习水平增加练习难度，适当降低垫子高度，直至能够利用一块垫子在平地上完成动作。

八、方法8

女生利用橡胶泳帽的方法进行后滚翻练习，以此来解决女生头发过长，练习时对后滚翻形成阻碍的问题，帮助女生顺利完成后滚翻动作。

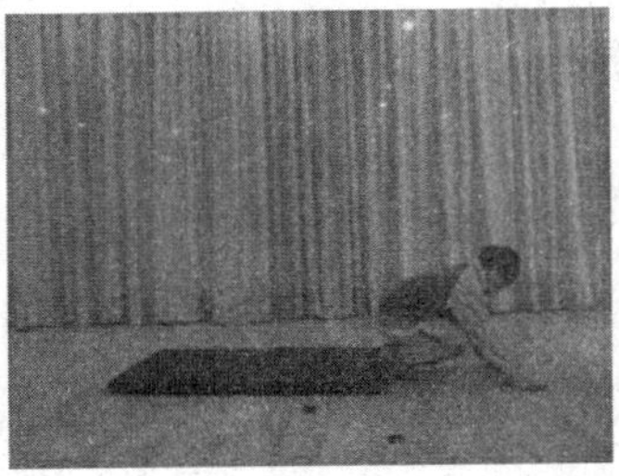

1. 练习方法

教师引导长头发女生在练习时利用头戴橡胶泳帽的方法进行后滚翻练习。

2. 练习实效

通过给长头发女生戴泳帽来进行后滚翻练习的方法，有效帮助长头发女生顺利完成动作，为她们标准、规范、高质量地完成后滚翻动作打下基础。

3. 练习建议

在学习后滚翻前，教师要主动提示长头发女生自备泳帽，以备后滚翻练习时使用。教师也可以多准备一些泳帽，以备长头发女生练习所需。

巧用短绳促进小学生下肢力量的提升

小学阶段是学生身体发育的重要时期。在此阶段，学生的心肺功能发育快速，运动中呼吸力量逐步增强，骨骼生长较快，逐渐形成骨化，但肌肉力量发展较缓，易出现疲劳和损伤。根据小学生身体发育的特性，科学高效地促进学生力量素质的发展就显得尤为重要。在小学阶段，学生下肢力量的发展有助于学生各项素质的稳步提升，更能为学生参与各种学练活动、游戏、比赛奠定基础。笔者在教学中归纳了一些采用短绳引导学生进行下肢力量练习的方法，以供大家借鉴。

一、巧用短绳设计游戏，促进小学生下肢力量的提升

（一）快快跳起来

1. *游戏方法*

将学生分成人数相等的四队，分别成纵队站在起点线后，每队一根短绳。游戏开始后，每队的第一名和第二名同学拉好横放的短绳，从前向后快速移动，当绳移动到其他同学腿前方时，该同学快速跳起越过短绳，当两人移动到队尾终点时，一人留下，一人拿绳返回起点，继续和第三名同学拉绳配合，以此类推。先完成的队获胜。

2. 练习实效

通过进行“快快跳起来”的游戏，能够激发和调动学生主动参与练习的积极性，促进学生下肢跳跃力量的提升，增强学生的协调性与灵活性。

3. 练习建议

（1）初次进行游戏时一定要提示学生，拉绳后移时一定要注意控制短绳的高度，避免绊倒同伴。

（2）进行游戏时拉绳同学要与跳起同学形成默契配合，控制好后移速度，避免短绳绊倒同伴。

（3）进行游戏前，学生一定要明确人员返回起点的顺序，组织好完整的比赛。

（二）彼得兔跳障碍

1. 游戏方法

将学生分成人数相等的四队，分别成纵队站在起点线后，每队十一根短绳，根据学生的跳跃能力确定距离布置在游戏场地。游戏开始后，每队的第一名同学采用双脚跳的动作快速跳出，并依次跳过十一根短绳，到达终点后迅速举起跳绳，第二名同学再以同样的方式进行游戏。先完成比赛的队获胜。

2. 练习实效

通过进行“彼得兔跳障碍”的游戏，能够激发学生参与跳跃游戏的积极性，提高学生下肢踝腕关节的弹跳力，发展身体的协调性与灵活性。

3. 练习建议

（1）布置场地摆放短绳时要全面考虑学生的年龄、性别、身体素质等因素，科学摆放跳绳位置，调整好前后距离。

（2）结合学生的身体状况，适当安排游戏运动量，避免造成学生踝腕关节的损伤。

（3）适当摆放短绳的方向和位置，激发学生的游戏兴趣。

（三）快乐小羚羊

1. 游戏方法

每队由三名同学自由结组构成，两名同学面对面蹲立拉好短绳，另一名同学在侧位预备线后站好。游戏开始后，参赛队员跨过横绳，然后从一侧绕回到起点，再蹲姿前行钻过横绳，以此类推完成规定个数后，与同组的另外一名同学交接，这名同学再以同样的方式进行，三名同学均完成规定个数后游戏结束。用时最短的队获胜。

2. 练习实效

通过进行“快乐小羚羊”游戏，能够增强学生的合作意识，促进学生下肢力量的提升，发展学生灵敏、协调素质。

3. 练习建议

（1）教师在游戏前示范讲解，引导学生明确游戏方法，形成良好的合作氛围。

（2）教师在游戏中根据学生的年龄、性别、身体素质等因素调整好学生跨和钻的高度，科学地增加游戏难度，调动学生的学习兴趣。

（3）教师适当安排游戏运动量，以达到最佳的锻炼效果。

（四）抓尾巴

1. 游戏方法

选择一块圆形场地，每位同学一根短绳，并将其折叠后插在腰部作为自己的“尾巴”。游戏开始后，学生在快速移动中，想办法将其他同学的“尾巴”抓下来。在规定时间内没有丢掉“尾巴”的同学获胜。

2. 练习实效

通过进行“抓尾巴”的游戏，可以提高学生快速躲闪的能力，促进下肢力量的提升，发展其灵敏、协调素质。

3. 练习建议

（1）学生游戏场地空间要充足，避免因过度拥挤而造成学生间的冲撞。

（2）学生在制作的“尾巴”不宜过长，避免奔跑时绊倒摔伤。

（3）严格按照游戏规则进行，避免因身体过多接触而发生肢体冲突。

二、巧用短绳进行抗阻力量练习，提升小学生的下肢力量

（一）手扶肋木阻力拉伸练习

1. 练习方法

两名同学一组，练习者双手握住肋木，分别在两腿踝腕关节部位拴一根短绳，帮助者坐在练习者身后，双手握住两根短绳的两端。当练习者练习时，帮助者根据练习者腿部力量在水平方向上适当地施加阻力，配合练习者进行练习。

2. 练习实效

通过本项练习，能够提高学生的大腿肌群力量，增强学生的肌肉感觉，促进其灵敏、协调素质的发展。

3. 练习建议

（1）两名学生相互合作进行练习，施加适当的阻力，有效提高腿部力量。

（2）本项练习选用短绳时，需选择具有一定弹力的塑料绳。

（3）练习者在练习时需要保持身体平衡，以达到最佳的练习效果。

（二）在体操垫上仰卧位或俯卧位进行阻力拉伸练习

1. 练习方法

两名同学一组，练习者仰卧于体操垫上，两腿分别在踝腕关节部位拴一根短绳，帮助者坐在练习者前方，双手握住两根短绳的两端。当练习者练习时，帮助者根据练习者腿部力量在水平方向上适当地施加阻力，配合练习者进行练习。

2. 练习实效

通过本项练习，可以提高学生的腿部肌群力量，快速增强学生的肌肉感觉，促进学生协调性的提高。

3. 练习建议

（1）两名学生相互合作进行练习，施加适当的阻力，有效提高腿部力量。

（2）本项练习选用短绳时，需选择具有一定弹力的塑料绳。

（3）练习者在练习时需要保持身体平衡，以达到最佳的练习效果。

（4）帮助者应与练习者保持安全距离，避免被练习者踹伤。

（三）快速跑阻力拉伸练习

1. 练习方法

两名同学一组，练习者站立于起跑线后，并在腰部系好一根短绳。帮助者在练习者身后，双手握住短绳的两端。当练习者练习时，帮助者根据练习者向前跑进的力量适当施加阻力，配合练习者进行练习。

2. 练习实效

通过本项练习，能够提高学生下肢的蹬伸力量，发展其身体的协调性与灵活性。

3. 练习建议

（1）两名学生相互合作进行练习，施加适当的阻力，有效提高腿部力量。

（2）本项练习选用短绳时，需选择具有一定弹力的塑料绳。

（3）练习者在练习时需要保持身体平衡，以达到最佳的练习效果。

（四）单杠挂绳阻力拉伸练习

1. 练习方法

两名同学一组，练习者站在低单杠前背对器械，将一条系好小哑铃短绳的一端固定在踝腕关节处。帮助者在练习者身前，双手握住练习者的双手，帮助其保持身体平衡。练习者练习时，将系好短绳的腿用力向前上方高抬，如此反复完成规定个数后，换另一条腿继续进行练习。

2. 练习实效

通过本项练习，能够提高学生的腿部力量，发展其身体的协调性与平衡感。

3. 练习建议

（1）两名学生相互合作进行练习，不仅要帮助对方保持身体平衡，更要有效指导学生动作，帮助练习者进行正确动作的练习。

（2）本项练习选用短绳时，需选择具有一定弹力的塑料绳。

（3）根据学生的身体状况，科学安排运动量，以达到最佳的练习效果。

江苏凤凰教育出版社
《行知工程》系列丛书目录

系列	序号	书名	主编	定价
创新教学探索系列	1	《基于核心素养的体育与健康校本课程建设》	赵卫新	35.00
	2	《把古文教活——激活文言文课堂的教学策略》	刘小华	35.00
	3	《做童年面前最合适的人——我和孩子们的“童化语文”》	曹丽秋	30.00
	4	《品世界名画，学精彩作文 ——特级教师的“名画”作文教学法》	李日芳	36.00
	5	《玩出精彩作文——张化万活动作文教学经典策略》	张化万	35.00
	6	《〈红楼梦〉里的语文课》	李日芳	30.00
	7	《让学生把母语用精彩——“语用课堂”的探索与实践》	余小红	30.00
	8	《“备”出课堂精彩——备学式教学的课堂实践与思考》	张旭兰	30.00
	9	《神奇的阅读教室——带学生踏上美妙的阅读之旅》	李祖文	30.00
	10	《打造有生命力的课堂 ——“两步八环节”教学模式探索与实践》	查联智	30.00
	11	《最能培养学生探究能力的课堂 ——小学科学与信息技术单元整体课程实施与评价》	李怀源	30.00
	12	《最能激发学生运动天赋的课堂 ——小学体育单元整体课程实施与评价》	李怀源	30.00
	13	《最能提升学生艺术素养的课堂 ——小学艺术单元整体课程实施与评价》	李怀源	30.00
	14	《“生命语文”探索——焕发语文生命力的思考与实践》	王自成	30.00
	15	《粘连作文教学：让习作成为有个性的自我建构》	黄瑞夷	30.00
	16	《备学式教学——在体验中建构数学思维》	单广红　范雪梅	30.00
	17	《向着自主进发——自主教育的创新实施智慧》	朱亚红	30.00
	18	《写中学——让学习更有效的学科写作教学》	钟传祎	30.00
	19	《小学科学实验总动员——大科学课堂有效提升学生创新力》	江美华	30.00
	20	《小学语文单元整体课程实施与评价》	李怀源	30.00
	21	《小学英语单元整体课程实施与评价》	李怀源	30.00
	22	《小学数学单元整体课程实施与评价》	李怀源	30.00
	23	《让教学更能激发智慧——“思维碰撞”课堂的建构与实施》	程和方	30.00
精彩课堂系列	24	《基于核心素养的数学教学》	赵红婷	35.00
	25	《中学生核心写作能力培养》	陶　波	36.00
	26	《给孩子更好的数学课堂》	易增加	30.00
	27	《小学生阅读素养的提升策略》	邵巧治	35.00
	28	《从语文素养走向生命成长 ——小学语文读写课堂教学密码》	曾海玲	30.00

系列	序号	书　　名	主编	定价
精彩课堂系列	29	《真实的品德课》	朱淑秀	30.00
	30	《英语课堂学习共同体——新型的师生交互学习场》	杨延从	30.00
	31	《指导自主学习——初中数学学与教的研究与实践》	刘其武	30.00
	32	《玩出精彩的课堂 ——小学低年级教与学方式转变研究》	陶红松	30.00
	33	《让生命之花自主绽放——语文个性化教学建构策略》	商德远	30.00
	34	《让学生亲历知识——主体参与下体验式学习的实施策略》	何世祥	30.00
名校系列	35	《从校本课程走向学校课程——锡山高中课程探索之路》	唐江澎等	35.00
	36	《让每个孩子都成志 ——清华附小主题阅读课程的实施探索》	窦桂梅	30.00
	37	《让每个孩子都成志 ——清华附小主题实践课程的实施探索》	窦桂梅	35.00
	38	《向着朝阳走去——清华附小合作办学实践探索》	窦桂梅	30.00
教育求索系列	39	《学科建设与教师发展——中学数学》	杨志文	30.00
	40	《欣说教育那“一亩三分地” ——一位一线教师的教育微思考》	王庆欣	30.00
	41	《爱的守望——一位一线教师对教育的坚守》	林卫红	30.00
	42	《思政教学的人文力量》	戴晓华	30.00
	43	《师道新说——给教育者的30条箴言》	徐　卫	30.00
教育思想者系列	44	《为什么而出发——一位研究者对教育本质的沉思》	齐　健	35.00
	45	《高效教学的道与术——陶继新教育讲演录》	陶继新	30.00
	46	《铸造一流教育品质——陶继新区域教育巡礼》	陶继新	35.00
	47	《名校之道——陶继新对话名校长（1）》	陶继新	30.00
	48	《名校之道——陶继新对话名校长（2）》	陶继新	35.00
	49	《教育，一切从孩子出发》	黄　俭	30.00
名师成长系列	50	《情怀·智慧·境界——教育名家演讲录（1）》	钟惠河　李韫琬	30.00
校长领导力系列	51	《学校细节管理的执行力》	林文明　王林发	30.00
	52	《校长智慧统筹的领导力》	谢耀丰　蔡丽姗 王林发	30.00
	53	《学校持续发展的研究力》	林文智　宋佳敏 王林发	30.00
	54	《学校和谐融洽的协作力》	陈一平　郭雪莹 王林发	30.00
	55	《学校教育提升的引领力》	谢文东　关敏华 王林发	30.00
	56	《学校团队成长的学习力》	黄纪　蔡美静 王林发	30.00
	57	《学校高效管理的创新力》	张旭	30.00
	58	《学校成功管理的决策力》	邱黎明	30.00

系列	序号	书名	主编	定价
校长领导力系列	59	《高品质学校生长要素》	王益民	30.00
	60	《校长高效教学领导力提升策略》	徐世贵　郭文智	30.00
新思维系列	61	《让后进生学习有后劲之36计》	严育洪	30.00
	62	《教育中的“不一定”——打破教育的19种思维惯式》	严育洪	30.00
教师修炼系列	63	《如何炼就课堂好声音——教师美嗓保健实用宝典》	薛建洲	30.00
	64	《与学生一起成长——90后教师的心路反思》	王　晗	30.00
	65	《教育，爱与宽容——教师心灵礼仪修炼》	许力争	30.00
教育家核心思想系列	66	《叶圣陶论写作》	叶圣陶 著 李怀源 选编	30.00
	67	《叶圣陶谈阅读》	叶圣陶 著 李怀源 选编	30.00
	68	《多元智能理论的本土化应用》	刘治富	30.00
	69	《大教育家最具施教力的教学思想》	白刚勋	30.00
学生心理解码系列	70	《在人生的春天播种——十四岁，写给青春的一封信》	白宏宽	30.00
	71	《孩子问题行为一点通 ——只有好老师才知道的学生心理谜底》	严育洪	30.00
校本研修系列	72	《徜徉语文教研》	肖俊宇	35.00
	73	《校本研修资源的开发与利用》	陈朝林	30.00
	74	《校本研修与教师专业成长》	吴积军	30.00
	75	《卓越教师经典研修成长策略》	刘天宝等	30.00
	76	《特色校本课程开发范例解读》	刘永平　李秀伟 张雪梅	30.00
	77	《高效校本研修模型构建艺术》	刘素雁	30.00
	78	《走向实践的教研——中小学教育科研引领与应用》	江　敏	30.00
教育管理力系列	79	《缔造唯美教育——延奎小学素质教育实施策略》	易增加	30.00
	80	《让普通学校崛起的20个细节——“生命为本”教育团队成长密码》	李其玉	30.00
	81	《“走”出教育的精彩：走动式学校管理文化构建》	罗　军	30.00
	82	《校长兵法：学校管理四十六计》	皮大鹏	30.00
班级文化系列	83	《活力班级的文化建设》	胡　珏	30.00
	84	《做幸福的班主任》	吕　丽	26.00

系列	序号	书名	主编	定价
高效能教学系列	85	《高效能教师的10个好习惯（中学卷）》	张　瑾	30.00
	86	《让作文落地生根——提高写作实效的教学策略》	黄桂林	30.00
	87	《高效能作文教学5项修炼》	陈步华	30.00
	88	《高效能校长的10个好习惯》	张　勤	30.00
	89	《高效能教师的10个好习惯（小学卷）》	谢　英	30.00
	90	《高效能语文教学5项修炼》	王其华	30.00
新课程探索系列	91	《语文新课程的批判与重建》	葛桂斌	30.00
美国名师教学译丛	92	《美国名师游戏教学本土化应用：幼儿园》	（美）玛西娅 L. 泰特 著 胡珍　瞿菁　编译	30.00
	93	《美国名师游戏教学本土化应用：小学英语》	（美）玛西娅 L. 泰特 著 杨永华　张心影　编译	30.00
	94	《美国名师游戏教学本土化应用：小学数学》	（美）玛西娅 L. 泰特 著 谢艳红　编译	30.00
	95	《美国名师游戏教学本土化应用：小学科学》	（美）玛西娅 L. 泰特 著 刘丽萍　编译	30.00
	96	《美国名师游戏教学本土化应用：小学社会》	（美）玛西娅 L. 泰特 著 姜梅芳　编译	30.00
	97	《美国名师游戏教学本土化应用：小学音体美》	（美）玛西娅 L. 泰特 著 尹立志　编译	30.00
鲁派名师名校·教育探索者系列	98	《悦读立人——校园阅读文化体系构建策略》	杨世臣	30.00
	99	《教育智慧何处来——一位特级教师的思考手记》	付立金	30.00
	100	《和雅文化——校本课程的创新构建》	汤善香	30.00
	101	《让个性绽放精彩——学校课程体系整合与创生》	谢建伟　徐淑萍	30.00
	102	《让每个学生都幸福——最能润泽生命的学校文化建设》	谢建伟　张新喜	30.00
生态化校园系列	103	《文化管理——构建生态和谐校园的必由之路》	付全新	30.00
	104	《点燃学习的激情——构建校园生态化学习型组织》	杨树岳	30.00
	105	《课改突围——构建学校生态化教学体系》	杨树岳	30.00
教育新思考系列	106	《语文教育向何处去》	王　丛	26.00
	107	《教育，就是做好普通的事》	孙志毅	27.00
	108	《走出语文的偏见——让学生体悟文本的原义》	丛智芳	30.00
	109	《让语文教学更高效——批注式阅读教学探索》	韩中凌	30.00
	110	《读写互促——探寻学以致用的语文教学》	曹　龙	30.00
	111	《跳出数学教数学——用文化融通数学教学》	马建秀	27.00

系列	序号	书　　名	主编	定价
名师感悟系列	112	《让心灵伴着歌声成长——22位音乐名师的教育智慧》	陈　璞	30.00
	113	《超越自我的教师——32位名师的成长感悟》	李卫东　李秀伟	35.00
	114	《心灵的守护者——19位名班主任的教育智慧》	王晓松　曲文弘	30.00
	115	《名师感悟班主任有效工作艺术90例》	符礼科	30.00
	116	《名师感悟有效教学90例》	林高明　徐玉烟	30.00
信息化教学系列	117	《巧用白板教语文——信息技术与语文教学操作指南》	蒋丽清	30.00
	118	《跨越式实现高效课堂——信息技术与课程整合高效教学方案评析》	陈　玲　刘　禹	30.00
教师必读系列	119	《教师必学的16堂修养课》	武宏伟	30.00
	120	《教师不可不知的教学心理效应》	叶勇军	30.00
	121	《班主任不可不知的管理效应》	奚一琴	30.00
	122	《教师不可不知的教育心理效应》	孙　媛	30.00
	123	《校长不可不知的管理效应》	谢申刚　张金豹	30.00
	124	《成为好教师的7项修炼》	王福强　李维华	30.00
	125	《如何让学生会学习》	龙　冰	30.00
	126	《如何让学生爱学习》	周震宇　许小燕	30.00
核心教学主张系列	127	《新生代语文名师核心教学主张》	许友兰	30.00
行思讲坛系列	128	《灵动而朴素地教语文——潘文彬的微格教育生活》	潘文彬	30.00
	129	《师爱无疆——润泽学生心灵的教育故事》	侯忠彦	30.00
	130	《怎样反思更有效——促进教师专业发展的反思策略》	诸贝贝	30.00
	131	《成为高度自觉的教育者——写给后课标时代的数学教师》	许卫兵	30.00
	132	《哲思数学课》	刘全祥	30.00
	133	《智慧数学课——黄爱华教学思维的实践策略》	黄爱华	30.00
	134	《童趣数学课》	徐　芳	30.00
	135	《把学生教聪明》	严育洪	30.00
	136	《教师最应该规避的教育误区》	杨坤道	30.00
	137	《用语文的方式教语文——潘文彬教学主张与实践智慧》	潘文彬	30.00
	138	《怎样让阅读教学更有效——提升教学能力的十种读诵模式》	汪秀梅	28.00

系列	序号	书　　　　名	主编	定价
行思讲坛系列	139	《让生命在润泽中起舞 ——当代小学生最需要的主题班会》	吴联星　罗　琳 冯卫东	30.00
	140	《让生命欢快拔节 ——当代中学生最需要的主题班会》	冯卫东　吴联星	30.00
	141	《课堂因生成而精彩——高效教学的生成智慧》	张文质	30.00
	142	《回到每一个人的生命化教育 ——张文质二甲中学教育行动录》	张文质	30.00
中国教育变革之路丛书	143	《百年树人师何为——教师队伍建设困顿与出路》	将丽珠　李玉向	30.00
	144	《入园何时不再难——学前教育困惑与抉择》	曾晓东 范　昕　周　慧	30.00
	145	《三尺书桌何处寻——流动人口子女教育困难与破解》	范先佐	30.00
	146	《苦旅何以得纾解——高考改革困境与突破》	郑若玲	30.00
	147	《择校纠结何时了——择校问题困局与治理》	曾晓东　周文海 曾娅琴	30.00
创新教学思想系列	148	《“大问题”教学的形与神》	黄爱华　张文质	30.00
教育漫笔系列	149	《课堂，诗意地栖居》	吴书华	30.00
教学提升系列	150	《有思想地教阅读——让学生学会品读文字真意》	王学东	30.00
教育艺术提升系列	151	《藏在师生体态语言里的教学智慧》	张　宇　廖生波	30.00
教学全手册系列	152	《小学习作教学全手册》	郭家海	30.00
	153	《中学写作教学全手册》	郭家海	30.00
	154	《情境教学操作全手册》	冯卫东	35.00
	155	《合作教学操作全手册》	李春华	35.00
	156	《探究教学操作全手册》	周新桂	35.00
	157	《自主教学操作全手册》	诸葛彪	35.00
	158	《创新教学操作全手册》	王　玮	35.00

系列	序号	书名	主编	定价
教学全手册系列	159	《班主任工作全手册》	刘沛华	35.00
	160	《新教师工作全手册》	周震宇	35.00
	161	《学生心理健康教育全手册》	刘海莉　刘春杰	35.00
	162	《高效教学操作全手册》	马友平	35.00
创新人才培养系列	163	《创新人才培养校园科普精品课程开发与指导——人大附中创新人才培养》	罗　滨	30.00
	164	《创新人才培养特色校本课程开发与创新人才培养——清华附中"国际安全下的科学技术"课程构建与实施》	王殿军　方　研　赵宏雁	30.00
	165	《创新人才培养：学校实验室建设与管理》	刘克文　杨发丽　杨　平	30.00
	166	《创新人才培养：数学探究活动开发与指导》	马云朋　韩继伟	30.00
	167	《创新人才培养：化学研究活动开发与指导》	王　磊	30.00
	168	《创新人才培养：物理探究活动开发与指导》	廖伯琴	30.00
	169	《创新人才培养：地理探究活动开发与指导》	张建珍　陈　澄	30.00
	170	《创新人才培养：生物探究活动开发与指导》	张迎春	30.00
	171	《创新人才培养：理念探索与思维突破》	王晶莹	30.00
新生代通派名师系列	172	《简约数学教学》	许卫兵	30.00
	173	《语文教学的本真——情意课堂展现母语之美》	吴建英	30.00
	174	《语文课堂的理想追求——欢快达成三维目标》	董一红	30.00
	175	《阅读教学的真髓——意象构建读出文学的真美》	祝　禧	30.00
	176	《美术教育的真谛——审美人生教育让生命绚丽成长》	陈铁梅	30.00
	177	《语文教学的理想境界——无痕教学润泽生命》	李　凤	30.00
	178	《儿童作文的本义——嬉乐作文让儿童乐并成长着》	王笑梅	30.00
	179	《名师是怎样炼成的》	王建明　王笑君	35.00
幼师成长系列	180	《幼儿行为背后——教师如何读懂幼儿的心思》	吴亚英	30.00
	181	《最具教育力的22种幼儿教育思想》	杨　达	30.00
	182	《幼儿教师必知的安全应急措施》	杨　达	30.00
	183	《幼儿教师必备的教育技能》	李　玲	30.00
	184	《卓越园长21条幼儿园管理策略》	周　丹　江东秋	30.00